A la communauté
des S.res de nostre
dame de Miséricor-
de du faux bourg de
S. germain les
paris. 1656.

K
Ⓒ

# LA VIE DV P. MARCEL FRANÇOIS MASTRILLI DE LA COMPAGNIE DE IESVS.

Guery miraculeusement par sainct François Xauier, & mort du depuis au Iapon, pour la defense de la Foy le 17. d'Octobre 1637.

Composée en Espagnol, par le PERE EVSEBE NIEREMBERG, de la mesme Compagnie.

Et traduite nouuellement en François, par le P. LOVYS CONART, de la mesme Compagnie.

## ✝ IHS.

## A PARIS.

<table>
<tr><td rowspan="3">Chez {</td><td>MATHVRIN, HENAVLT, ruë S. Iacques</td><td rowspan="3">} à l'Ange Gardien.</td></tr>
<tr><td>ET</td></tr>
<tr><td>IEAN HENAVLT, au Palais, à la Salle Dauphine.</td></tr>
</table>

M. DC. XLVI.

*Auec Priuilege, & Approbation.*

IL semble que ce soit vne chose superfluë, de vouloir mettre au iour les belles & heroïques actions de celuy que le Ciel a pris à tasche de faire conroistre à tout le monde, publiant par tout son bon-heur auant mesme qu'il fût arriué. Car non content de faire retentir par l'Europe, ce qui estoit de recommandable en sa personne, il a voulu qu'elle fust veuë de toutes sortes de Nations, & que non seulement Naples, où le miracle auant-coureur de son martyre auoit paru aux yeux d'vn si grand peuple, eût ce bon-heur; mais que Rome, que Genes, que Barcelonne, que Saragoce, que Madrid, que Lisbonne, Goa, Malaca, que Manile & les principales parties du monde y euſſent part, & qu'elles le regardaſſent, non comme vn homme du commun, mais comme celuy qui ne promettoit rien que de grand : ſi eſt ce toutefois que ie ne lairray pas de mettre la main à la plume, puis qu'il n'y a rien de plus glorieux que de contribuer aux deſſeins de Dieu ; de ſorte que ce qui ſembleroit m'obliger de taire les grandeurs du P. Marcel, eſt ce qui me force de les publier, & faire qu'il ſoit connu pour ce qu'il eſt.

Ie croy qu'il ne s'eſt rien veu de ſemblable dans l'Egliſe que bien rarement, & ie confeſſe qu'ayant entendu à Madrid les merueilles arriuées à ſa perſonne, depuis que S. Xauier l'eut choiſi pour en faire vn Martyr, i'en demeuray quaſi tout hors de moy, & que deſlors i'eu vn

defir extréme de le voir, ce qui me
fucceda fort heureufement en cette
Cour, où il fut obligé de paffer
pour le voyage qu'il auoit eu ordre
de faire par vn commandement exprés du mefme Sainct, qui peu auparauant l'auoit rauy de viue force
des ferres de la Mort, fur le point
qu'elle eftoit de l'enleuer : il fallut
neantmoins fe priuer de ce contentement pour luy laiffer pourfuiure
fon chemin, dont ie fçeu du depuis
les circonftances, & dont i'admi-
ray deffors le deffein. Tout le monde en a ouy parler ; tous les efprits
en ont efté remplis d'admiration ;
chacun en a efté touché ; on en a
rendu graces à noftre Seigneur :
pour moy i'ay fouhaité d'en fçauoir
le détail ; veu principallement que
Dieu a fignalé ce fien Seruiteur,
par vn fi grand nombre & de prodiges & de merueilles, & qu'il l'a

ã iij

conduit par vne prouidence si particuliere, qu'il est aisé à voir que son
intention estoit de le mettre sur le
chandelier. Et à vray dire, c'est vn
effet tout manifeste de sa saincte volonté, que deux informations faites à Macao, & à Manile contenant
vn narré de sa vie, qu'il auoit composée par le commandement de
son Superieur & de son Confesseur, me soient si tost tombées entre les mains : chose qui donne clairement à connoistre, que Dieu ne
vouloit pas que les graces & les faueurs dont il l'auoit honoré fussent
enseuelies dans l'oubly. Aussi sera-
ce de ces relations, & des autres
Histoires qu'on a imprimées de sa
vie, que ie tireray ce que i'en vais
dire comme par abbregé ; me sou-
mettant pourtant en toutes choses
au iugement de l'Eglise, à qui il appartient de declarer quelle est la

veritable Saincteté, & quels sont
les moyens de la connoiſtre, comme ſont les Miracles, les Reuela-
tions, & les Propheties, ſans que
ie veille en porter iugement auant
le ſien : ſeulement veus-ie deduire
pour le contentement de ceux qui
aiment les grandes ames, ce que
i'ay appris de teſmoins dignes de
foy, qui ont apporté toute la diligence poſſible à garder la circon-
ſpection dont on ſe doit ſeruir dans
le rapport des operations miracu-
leuſes, & qui vont au delà de ce que
la nature peut de ſoy.

CE que i'efcris en ce liure, tant du Pere Maftrilli, comme d'autres perfonnes d'Eminente vertu, ie le foumets à la cenfure du fainct Siege Apoftolique, & ie ne pretends point qu'on y adioufte plus de foy qu'en merite vne foigneufe diligence, & vne verité fondée fur la fidelité humaine faillible de foy ; fi bien que ie remets le tout à l'Eglife qui a le pouuoir d'en determiner. Que fi les mots de *Sainéteté*, de *Sainét*, de *Bien-heureux*, & autres femblables choquent tant foit peu les efprits, ie protefte dés à prefent ne les prendre que dans le fens commun & ordinaire, fans preuenir par telles façons de parler le iugement qu'en fera l'Eglife, à laquelle ie me foufmets en toutes chofes, & à laquelle il appartient de declarer qui font les veritables fainétetez.

Nieremberg porte ſa recommendation auec ſoy. Il s'eſt acquis le nom de do-
cte, de ſage, de pieux, de bien diſant, & de ſi excellent eſcriuain, que pour faire qu'vn liure ſoit bien receu, il ſuf-fit qu'on voye ſon nom au bas. Voila mon ſentiment, ſauf, &c. A Sainct Ba-ſile de Madrid le 17. Ianuier 1640.

F. D I E G O   N I S E N O.

---

*APPROBATION DV PERE Frere Iean Ponce de Leon de l'Ordre des Minimes, Conſeiller du Roy en la Sain-cte & generalle Inquiſition, & autres Royaumes de ſa Majeſté.*

V Oſtre Alteſſe me commande de voir le narré de la vie & mort mi-raculeuſe du Venerable P. M A R C E L F R A N Ç O I S   M A S T R I L L I, glorieux fils de la tres - illuſtre Compagnie de I E S V S, tirée des procez Verbaux faits pour ſa Canoniſation par le tres R. P. Iean Euſebe Nieremberg, Lecteur des Eſcholes Royales du College Imperial

de ladite Compagnie. Or ie l'asseure
que l'ayant consideré auec l'attention
& le soing que requeroit vn commandement si souuerain, i'ay iugé que tant
le corps de l'histoire, que la disposition
des matieres donne suffisamment aux
Doctes dequoy admirer, aux Predicateurs dequoy apprendre, & aux Spirituels dequoy imiter. Chaque Chapitre
est vn Argument pour conuaincre les
infidelles, & vn patron pour seruir de
modele aux meilleurs Chrétiens: & tout
le liure pris en gros vne mer & vn re-
cüeil d'addresses pour la perfection, où
la doctrine & les exemples sont retrais-
sis si à propos par l'eloquence & l'erudition de l'Autheur, dont le seul nom
estoit assez pour donner l'approbation
à cet ouurage, qui, quoy que court &
en petit Volume, a pourtant les mer-
ueilleuses proprietez des pieces de mo-
noye, lesquelles ainsi qu'à remarqué
vn excellent Docteur de la mesme Compagnie escriuant sur le Chap. 11. des Iuges v. 14. §. 62. *Eò sunt pretiosiores quò in
minori materia, & plus pretij amplectuntur;
sic & optimum orationis genus quò breuius,*

*multa si sunt grauiter, sapienter, acutéque si-gnificata.* Ce que le grand sainct Augu-stin auoit consideré long-temps aupa-rauant, expliquant le Psalme 118. où il parle ainsi, *Psalmus iste breuis est, sed si-cut scriptum est in Euangelio, staturâ breuis, & magnus in opere ; & sicut scriptum est de illâ viduâ quæ duo minuta misit in ga-zophylacium ; breuis pecunia, sed magna charitas ; sic iste Psalmus, si verba conside-res, breuis est ; si sententias appendas, ma-gnus est.* I'auoüe qu'eu esgard à la gran-deur de l'Autheur ce liure est court, mais qu'il est grand en sa matiere, & en la façon dont elle est traictée, descou-urant tant de choses en si peu de mots, qu'on peut dire qu'il est semblable en ce point, à celuy du Carthaginois dont Tertulian parle en ces termes : *Vetustate nobilis, nouitate fœlix, & ita fœlix, vt nec à nouitate nouator audiat, nec à vetustate veterator.* La vie de cet illustre Martyr est parfaitement bien disposée, les mo-tifs de sa rare vertū y sont rapportez auec artifice, & les esloges iudicieuse-ment adaptez à vn grand fils de la gran-de Compagnie de I E S V S : apres quoy

ie n'ay plus rien à dire, ny ceux qui la
liront à defirer : tout ce que ie puis ad-
jouſter, eſt d'appliquer à celuy qui l'a
compoſée apres auoir mis en lumiere
tant & de ſi doctes liures, & remplis
d'vne ſi grande erudition, ce que Sene-
que a dit en pareil cas à vn de ſes amis,
qui apres auoir fait paroiſtre vn grand
ouurage, eſtoit ſur le point d'en mettre
vn autre au iour, *Ecquam plurima, quam
celerrimè, vnde & tuo nomini celebritas, &
noſtris temporibus claritas, & ſtudioſis omnibus vtilitas pariatur.* Cela eſtant ainſi
Voſtre Alteſſe pourra permettre que le
liure s'imprime. De la Victoire de Madrid le 3. Febvrier 1640.


F. IEAN PONCE DE LEON.

# PERMISSION DV R. P. VICE-PROVINCIAL.

IE Estienne Noël, Vice-prouincial de la Compagnie de IESVS en France, permets au P. Louys Conart, de faire Imprimer vn Liure intitulé, LA VIE DV P. MARCEL FRANÇOIS MASTRILLI de la Compagnie de Iesus, Guery miraculeusement par S. François Xauier, & mort du depuis au Iapon, pour la defense de la Foy, le 17. d'Octobre 1634. Composé en Espagnol par le Pere Eusebe Nieremberg, & traduit en François par ledit Pere Louys Conart, veu & approuué par trois Theologiens, tous de la mesme Compagnie, en foy & tesmoignage dequoy i'ay signé la presente à Paris, le 16. de Decembre 1645.

ESTIENNE NOEL.

TABLE

# DES CHAPITRES.

## Auant-propos.

# Table des Chapitres.



## Extraict du Priuilege du Roy.

PAR grace & Priuilege du Roy , il est permis à MATHVRIN & IEAN HENAVLT, Marchâds Libraires Imprimeurs à Paris, d'Imprimer ou faire Imprimer vn Liure intitulé , *La vie du pere Marcel François Mastrilli de la Compagnie de Iesus.* Composé en Espagnol par le P. Eusebe Nieremberg , & traduit en François par le Pere Louys Conart de la mesme Compagnie , & approuué des Docteurs. Et ce pendant le temps & espace de dix ans consecutifs. Auec deffences à tous Libraires & Imprimeurs d'Imprimer ou faire Imprimer ledit Liure, sous pretexte & déguisement , ou changement qu'ils y pourront faire à peine de Confiscation , & l'amende portée par ledit Priuilege , donné à Paris le quatriesme Decembre 1645. & de nostre Regne le troisiesme.

Acheué d'Imprimer le premier Feb. 1646.

Les Exemplaires ont esté fournis.

# LA VIE DV R. P.
# MARCEL
## FRANCOIS MASTRILLI
## DE LA COMPAGNIE DE
## IESVS, MORT AV IAPON POVR
## la deffence de la Foy.

---

*La naissance & education du P. Marcel*
*François Mastrilli.*

## CHAPITRE I.

NAples eut le bon-heur d'estre le lieu de la naissance du P. Marcel François Mastrilli. Son Pere descendu des Marquis de San Marzano Gentils-hommes Neapolitains, de l'illustre famille des Mastrillis, fort connuë dans le Royaume de Naples &

A

dans toute l'Italie, se nommoit Dom Geronimo Maſtrilli. Sa mere, Madame Beatrix Carachola. Cette bonne Dame le mit au monde vn Vendredy, dix neufieſme de Septembre, de l'année 1603. le iour de l'Exaltation Saincte Croix, pronoſtique euident de la mort qu'il deuoit endurer; car ayant veſcu dans la Croix de la mortification, il mourut dans celle des tourmens, pour eſleuer le glorieux trophée de noſtre ſalut dans le Iapon, où la haine du nom Chreſtien l'auoit mis bas & foulé aux pieds.

L'eſlection que Dieu auoit fait de ſa perſonne pour la Compagnie de IESVS, preuint le temps ordinaire, ſa prouidence ayant tellement diſposé toutes choſes, que trois iours aprés eſtre nay parmy les hommes, elle le fit renaiſtre pour le Ciel, dans la Maiſon Profeſſe de Naples, par les mains d'vn Sainct homme, nommé le P. Majo, qui luy confera le Bapteſme, aprés que ſes parens en eurent obtenu la permiſſion de l'Archeueſque du lieu : & le contentement que ce petit enfant fit paroiſtre en receuant ce Sacrement, fut pris pour vn bon au-

gure de celuy qu'il prendroit à faire
profiter la grace qu'il y auoit receuë, &
pour vne marque asseurée des bons sentimens qu'il auroit pour les choses du
Ciel, dans le mespris de toutes celles de
la terre.

On remarquera aussi pour chose extraordinaire que la ceremonie acheuée,
son pere l'ayant pris entre ses bras, &
l'ayant porté à la chambre d'vn de ses
oncles, Religieux de la mesme Maison
qui estoit malade, il ne pleura point,
quelque long-temps qu'il y demeura:
mais qu'au contraire, regardant de tous
costez, & principalement vers le Ciel,
où deuoient estre ses delices & ses entretiens, il faisoit cela auec vne asseurance au dela de sa portée, & auec vne
ioye & vn repos qui n'est pas ordinaire
en cét âge-là. D'où vint que pour l'es-
prouuer dauantage, on le tourna en tous
les sens imaginables, iusques à luy mettre les pieds en haut, & la teste en bas,
qui fut vne marque de son supplice, sans
qu'il perdist pourtant rien de sa paix, ny
de son repos, donnant par là à entendre
le bien qu'il y auoit de demeurer en vn si

sainct lieu : ce que voyant le P. Gregoire Maſtrilli l'vn des deux oncles qu'il
auoit en la Compagnie , & qui eſtoit
pour lors Superieur de la Maiſon, prit
cela pour vn ſigne euident que la bonté
diuine l'auoit choiſi pour y eſtre vn iour
Religieux, ainſi qu'il le predit à ſon pere, luy demandant deſlors ce cher enfant pour le temps qu'il ſeroit en eſtat
d'y eſtre receu ; à quoy il s'accorda , &
l'offrit de bon cœur à noſtre Seigneur;
quoy que puis aprés , le meſme Pere
le faiſant ſouuenir de ſa promeſſe , il
s'en repentit ; l'amour naturel ayant
pour l'ordinaire plus de pouuoir & plus
d'empire ſur les parens, que le diuin &
ſurnaturel.

Il ne laiſſa pas pourtãt d'auoir vn tres-
grand ſoin de le faire eſleuer auec trois
de ſes freres , dont l'vn nommé Dom
Vincent, eſtoit Cheualier de la Calatraue; le ſecond , Dom Antheine de
Sainct Iacques , & le cadet, Dom Iean
de Malthe , qui entra du depuis chez les
PP. Capucins; & remarqua-t'on que les
premieres paroles que le petit Marcel apprit , & qu'il prononça dans

ses premiers begayemens, fut le doux
nom de Marie, marque de la deuotion
qu'il deuoit auoir dans vn âge plus
meur, à la Mere de Dieu.

Son pere luy donna pour Gouuerneur
vn personnage de rare vertu, nommé
Vitalian, s'imaginant, comme il est bien
vray, que la meilleure instruction est le
bon exemple. Ce personnage l'esleuoit
dãs vne merueilleuse modestie, nõ seulement par ses propres deportemẽs, mais
encore par le grand soin qu'il apportoit
à veiller continuellement sur sa personne, & à estudier ses actions : mais sa
principale intention estoit de luy imprimer bien auant dans le cœur vne sincere
affection enuers la saincte Vierge ; &
pour venir mieux à bout de ce bon dessein, il luy faisoit reciter tous les iours
l'Office de nostre Dame auec ses freres,
disans deux à deux les Versets alterna-
tiuement, comme on fait au Chœur, où
se trouuant luy-mesme, il les portoit
tous quatre à la deuotion, par son exemple. Or celle du petit Marcel estoit si
grande qu'il fondoit tout en larmes,
& son cœur poussoit dehors tant de

ſouſpirs , que le bon Gouuerneur eſtoit
ſouuent contraint de le faire arreſter
pour quelque temps , iuſques à ce que
cette celeſte chaleur , qui dura l'eſpace
de pluſieurs années , vint à ſe rallentir
peu à peu.

La cauſe de cette ioye ſi ſenſible prenoit ſon origine des puiſſans deſirs, qu'il
auoit de ſouffrir pour noſtre Seigneur.
Il luy eſtoit aduis qu'il eſtoit parmy les
Barbares qui le menaçoient de le faire
mourir pour la foy : & cette imagination luy cauſoit tant de ioye, que ne pouuant retenir le contentement qu'il ſentoit dans ſon ame , il le faiſoit voir ſur
ſes yeux par la douceur de ſes larmes, &
ſur ſa poitrine , par mille ſanglots entre-
coupés qui n'eſtoient que feu. Et ce fut
cét ardent deſir qui luy fit faire inſtance
auprés des Superieurs, l'eſpace de ſeize
ans qu'il demeura dans la Compagnie,
ſçauoir, depuis 618. iuſques à 634. pour
eſtre enuoyé dans les Indes, eſperant
par ce moyen de trouuer iour à l'accompliſſement de ſon deſſein , & de
donner vne entiere ſatisfaction à ſa ferueur.

Comme Dieu l'auoit choisi pour vne
saincteté plus qu'ordinaire ; aussi luy
confera-t'il des graces qui passoient au
de là du commun, disposant son ame dés
son enfance par des lumieres & par des
visions qui le portoient à craindre le peché, à aymer la vertu, à cherir la mortification, & à connoistre qu'il n'y a point
de veritable vie que de mourir au monde, & de viure goustant aussi peu les
plaisirs des sens que font les morts : &
cela arriuoit par vn transport d'esprit
assez frequent, durant lequel il luy sembloit estre enleué dans vn agreable iar-
din, d'où il voyoit vne grande suitte de
monde, portant en terre vne Dame vi-
uante, reuestuë de blanc, symbole de l'a-
me pure, qui doit garder bien soigneu-
sement la robbe blanche de la grace,
mourant auant que de mourir par vn
entier destachement des choses de la
terre, & des menuës satisfactions de
la nature, dont la pluspart des hommes
font tant de cas.

Ce qui luy arriua à Monte Santo,
vne des terres de son pere, luy seruit
grandement pour grauer bien profon-

A iiij

dement dans son ame la crainte de l'Enfer & du peché ; car seruant vn iour à la
Messe, que son Maistre disoit pour l'ame
d'vn des domestiques de la Maison, &
venant par hazard à ietter l'œil sur vn
degré qui respondoit à la Chappelle,
iustement au temps que le Prestre disoit, *Agnus Dei, dona eis requiem*, il vid ce
miserable, auec vne face horriblement
hideuse, iettant le feu par les narines
comme vn Demon. Ce spectacle fut si
affreux, que le petit garçon en demeura
dans l'espouuante tout vn iour ; aprés
quoy on eut nouuelle que le valet estoit
decedé sans Confession, & si mal pre-
paré, qu'il tesmoignoit en mourant se
vouloir vanger des torts qu'il auoit re-
ceus. Ie vous laisse à penser quel effet
fit dans l'ame d'vn enfant, vne chose si
extraordinaire, capable de ietter l'ef-
froy dans les cœurs mesme les plus as-
seurés, & combien fortement elle y
planta la crainte des iugemens de Dieu;
veu principalement qu'il estoit si bien
disposé à reçeuoir les auis salutaires qui
luy venoient du costé du Ciel. Ce fut le
profit qu'il tira de cette vision si espou-

uantable, qui le porta en suitte à la pratique de toutes les vertus en general,
mais sur tout de la misericorde ; car outre qu'il y estoit naturellement enclin,
Dieu l'y encourageoit encore par vne
infinité de faueurs.

Comme il estoit à San Marzano, vn
pauure luy demanda l'aumosne de si
bonne grace, qu'il eut voulu, s'il eut esté
loisible, arracher ses entrailles pour les
luy donner. Il eut recours à la Marqui-
se sa mere, sur l'asseurance qu'il auoit
de longue main, qu'elle l'assistoit volontiers en ses petites charitez, de laquelle
ayant obtenu ce qu'il desiroit, il retourna promptement vers le pauure ; mais il
se trouua bien estonné, quand le regardant en face, il s'apperceut qu'il portoit
le visage d'vn de ses freres qui estoit en
Espagne, auprés du Prince Philibert, en
qualité de son Escuyer. Ce n'est pas
tout, le mendiant ayant receu l'aumosne
auec les actions de graces accoustu-
mées, disparut aussi-tost de deuant ses
yeux, laissant des marques suffisantes
que c'estoit plustost vn Ange du Ciel,
qu'vn homme de la terre ; qui pour

A v

monstrer l'alliance qu'ont ces bien-
heureux Esprits auec les ames pures, a-
uoit voulu luy apparoistre sous la forme
de la personne, qui le touchoit de plus
prés. Aussi ne faut-il point douter que la
grace ne nous lie plus estroictement
auec les Anges, que la chair & le sang
auec nos freres : & à vray dire, Marcel
ressembloit plus par son innocence aux
intelligences Celestes, qu'aux hommes
de la terre, par la figure exterieure qu'il
portoit sur soy.

Toutes ces faueurs n'empeschoient
pas que Dieu n'esprouuast le petit Marcel par les souffrances, & qu'il ne commençast à le traiter en homme, dés ces
premiers ans : c'est pourquoy il permist
qu'il tombast dans vne grieue maladie,
qu'il gagna d'vn sien oncle, frere de sa
mere, par les seruices & par les charita-
bles assistences qu'il luy rendit. Il en
guarit pourtant, par l'entremise de la
saincte Vierge, enuers laquelle il se
monstra si reconnoissant, qu'il publioit
par tout qu'il ne tenoit la vie que d'elle
seule : & sa deuotion estoit bien si grande à l'endroit de cette Reyne du Para-

dis, qu'il prononçoit continuellement
son nom , au plus fort mesme de ses
resueries.

Elle luy fit encore vne autre grace,
qui ne tesmoigna pas moins le soin
qu'elle auoit de luy. Estant en vne maison de son pere, quelques chiens se ietterent sur des taureaux, l'vn desquels se
voyant pressé, courut auec tant de furie
vers Marcel, qu'il ne fut pas possible à
personne de l'arrester, ny mesme d'empescher que le iettant par terre , il ne le
traitast si mal, qu'on le tenoit pour mort:
mais le bon-heur voulant que cela arri-
uast vis à vis d'vne nostre Dame, il im-
plora son ayde si à propos, qu'il se mit
en mesme temps sur pied sans aucun
mal. Voila la conduite de Dieu sur cét
enfant, duquel il vouloit conseruer la
vie, d'autant qu'il la deuoit employer à
son seruice , & la sacrifier en suitte pour
sa gloire, & pour la querelle de son
sainct Nom.

*Le Pere Marcel entre en la Compagnie
de IESVS.*

## CHAP. II.

QVand Marcel eut atteint l'â-
ge de quatorze ans, il voulut
accomplir la promesse que son
pere auoit faite, lors qu'il nasquit, qui
estoit de le donner à la Compagnie de
IESVS. Et combien qu'il eut eu les mesmes desirs quelques années auparauant,
si est-ce que son âge y apportoit de
l'empeschement, & faisoit qu'il se con-
tentoit de se disposer à cette grace par
de longues prieres, & par d'autres deuotions qu'il pratiquoit : mais quand il se
vid en estat de la receuoir, il pressa l'affaire, & en traita puissamment auec le
Pere Gregoire Mastrilli son oncle pa-
ternel, Superieur pour la seconde fois
de la maison Professe de Naples, &
auec le Pere Antoine Marchés, Prouincial.

Le Marquis ayant eu le vent de la resolution de son fils, en fut touché au vif,

& fit tout son possible pour la trauerser.
Il l'enuoya à cét effet hors la ville en
vne de ses terres, où Marcel se voyant
quasi dans l'impuissance de la mettre à
execution, recula tant soit peu en arriere, & perdit quelque chose de sa ferueur : mais Dieu le resueilla bien-tost
aprés, permettant qu'il se rompit la iambe, en se promenant dans vne Salle, & 
luy faisant connoistre par cét accident
si inopiné, & arriué en vn lieu où il y
auoit si peu de danger, que ce n'estoit
point vn cas fortuit, mais vn coup de sa
main pour le chastier. Cela fut cause
que renouuellant ses premiers desirs, il
se mit en deuoir si-tost qu'il fut guery
de les accomplir. La crainte qu'il auoit
de son pere, & la façon de s'ouurir à luy,
estoit le seul empeschement qui luy restoit pour l'arrester ; or il luy fut leué
d'vne façon bien inesperée, & bien éloignée des intentions de celuy qui en fit
naistre l'occasion. Vn de ses amis luy
tint vn iour ce discours; *He bien Marcel
quand voulez-vous faire ce qui a esté resolu?*
entendant parler d'vne chasse, dont ils
auoient noüé ensemble la partie; mais

Marcel le prit tout autrement qu'il ne penſoit; car comme il eſtoit affligé de ne pas executer l'affaire de ſa vocation, il creut qu'il luy parloit de la ſorte, pour l'exhorter à y trauailler, & à diligenter ſon entrée dans la Religion; de ſorte qu'il luy repartit courageuſement: *Au plus toſt, au plus toſt*, Dieu éclairant alors ſon entendement pour deſcouurir à plein ſa volonté, & pour luy faire entendre combien il deſiroit qu'il en haſtaſt l'execution. Sa mere y contribua auſſi de ſa part; car nonobſtant toute la tendreſſe, & toute l'affection qu'elle auoit pour luy, plus grande que pour pas vn de ſes enfans, comme elle eſtoit pieuſe & deuote, elle luy diſoit quelques-fois, ſur tout quand ſon pere le traitoit le plus rudement, & luy faiſoit de plus ſeiches & de plus vertes reprimendes: *Mon fils, tu ſçais l'amour que ie te porte; mais ſi Dieu t'appelle en Religion, que ma conſideration ne t'arreſte pas.*

Tout cela mis enſemble, encouragea tellement Marcel, que s'eſtant reſolu de ne dire mot à ſon pere, il diſpoſa tout ſon petit fait, & s'aſſeurant de deux che-

uaux hors de la maison, de peur que les
domestiques n'entrassent en deffiance
de quelque chose, il monta sur l'vn, &
son amy sur l'autre, qui auoit presque
formé vn mesme dessein, comme il fit
voir du depuis, lors que quittant le monde, il se rangea parmy les Peres Capucins.

Ils sortirent tous deux en cét equipage de Monte Santo, la veille de l'An-
nonciation, de l'année 1618. auant qu'il
fut iour, & prirent le chemin de Naples,
par des sentiers destournez, pour fuyr la
rencontre de ceux, que Marcel pre-
uoyoit les deuoir suiure par ordre de son
pere: la crainte duquel d'vn costé, & le
desir de l'autre de se voir dans la Maison
de Dieu, luy faisoiēt pousser son cheual à
toute bride. Or Satan enuieux de son
bõ-heur, tascha de l'arrester tout court,
à deux lieuës de Nole, faisant que le
Ciel se chargeast de telle sorte, & le
temps se broüillast si horriblement, qu'il
y en auoit assez pour esbranler son courage & luy donner bien de l'espouuante.
Il eut pourtant tant de fermeté, que
sans se troubler dauantage, & sans se

foucier de la tempeſte, il pourſuiuoit touſiours ſon chemin : mais quand il commença à laiſſer Nole derriere ſoy, il apperceut vne troupe de Vilageois à demy noirs, qui luy venant à la rencontre, crioient à haute voix: *Où allez-vous ieune homme, où allez-vous ? retournez ſur vos pas; ne craignez-vous point cét orage qui vous va perdre ?* Marcel demeura lors vn peu ſurpris, nommément de ce qu'ils parloient comme ayans eſuenté ſon deſſein : neantmoins Dieu le preuint d'vne ſi puiſſante grace, que ne tenant conte, ny de ce qu'ils diſoient, ny du conſeil qu'ils luy donnoient, il les meſpriſa: d'où vint que ſe voyans décheus de leur attente, ils diſparurent, & le temps s'eſclairciſt à l'heure meſme, & deuint auſſi net & auſſi ſerein qu'il eſtoit auant tout cela.

Pour grande que fut la diligence que fit Marcel, ſi ne peut-il pluſtoſt gagner Naples que ſur les dix heures, à cauſe du deſtour. Il alla droit deſcendre au Nouitiat, d'où tranſporté de ioye de ſe voir arriué où il ſouhaittoit, il fit entendre de ſes nouuelles au P. Prouincial, &

à ses oncles, l'vn desquels, sçauoir le P.
Charles, fut enuoyé aussi-tost vers luy,
pour cognoistre quelle estoit sa vocation, & pour l'espreuuer de bonne
sorte, ce qu'il fit sans l'espargner en façon quelconque : car il apporta bon
nombre de raisons pour luy preuuer
qu'il auoit tres-grand tort d'auoir causé
ce desplaisir à Monsieur son pere, &
adiousta en suitte des menaces pour
donner plus de poids à son raisonne-
ment : mais le Sainct Esprit luy donna
tant d'addresse pour s'en demesler, qu'il
respondit à tout, auec plus de capacité
qu'on n'eut pû se promettre de son bas
âge, & luy fortifia tellement le courage, qu'il ne fit aucun cas de ce dont son
oncle l'auoit menacé.

Sur ces entre-faites il arriua vn courrier de la part de son pere, auec des lettres pleines de ciuilité, par lesquelles il
faisoit entendre, qu'il n'auoit iamais eu
enuie de s'opposer à la vocation de son
fils, & beaucoup moins en cette occasion; qu'au contraire il le dedioit volontiers à la Compagnie. On a creu qu'il
auoit escrit de la sorte, afin que les Pe-

res estans asseurez de son consentement
ne precipitassent rien, & que luy cependant eut loisir de venir à Naples pour
empescher sa reception : mais l'affaire
ne reüssit pas selon ses intentions, car le
P. Prouincial, & le P. Gregoire le receurent deslors preuoyans son dessein,
& se ressouuenans que le Duc d'Ossone
auoit fait inuestir six mois auparauant
nostre Maison, pour enleuer vn des fils
du Prince de Tarcie, nommé Marcel
Espineti, qui s'en estoit fuy de son païs
pour la mesme cause. En suitte du Courrier, le pere despecha encore vn sien fils
& vn sien oncle pour destourner le
coup, ausquels le ieune enfant respondit auec tant de resolution, qu'ils furent
contraints de s'en retourner, & d'estre
les porteurs eux-mesmes d'vn nouuelle,
qui fut si sensible au sieur Marquis,
qu'il en tomba malade dangereusement.

C'estoit vn pere qui regardoit son fils
auec des yeux de chair, & qui ayant plus
d'amour pour le corps qu'il luy auoit
donné, que pour l'ame qu'il tenoit de
Dieu, auoit en suite plus d'égard à l'auancement de sa maison, qu'aux biens

de l'autre vie : mais quand noftre Seigneur luy eut changé le cœur, il luy deffilla tellement les yeux, & le defabufa de telle forte, qu'il difoit hautement, qu'il auoit plus de fatisfaction de voir fon fils Religieux de la Compagnie de IESVS, que s'il eut accreu fes eftats de beaucoup, & augmenté fon reuenu de moitié.

---

*Les premieres années du Pere Marcel dans la Compagnie.*

## CHAP. III.

SI toft que le P. Marcel fut receu à la Compagnie, auec le contentement d'efprit qu'on deuoit attendre de fes feruens defirs, il entra aux exercices, durant lefquels il fut furpris vn iour d'vne triftefle & d'vne affliction fi extraordinaire par l'operation du Demon, que tout ce qu'il put faire, fut de ietter les yeux au Ciel, & de tourner fon cœur vers le Paradis, aprés quoy, chofe eftrange! il le vid ouuert, fans que, ny le plancher, ny les murailles de fa cham-

bre luy en puſſent dérober la veuë, ny
l'empeſcher de le contempler, ce qui
remplit ſon ame de tant de ioye, qu'il
luy eſtoit aduis qu'il n'en eſtoit point de
ſemblable au monde ; & il diſoit que le
ſeul ſouuenir de cette grace luy ſeruoit
d'eſperon pour le porter à Dieu, & pour
luy faire ſurmonter les difficultez qui ſe
rencontrent à la pourſuitte de la vertu.

Deſlors les deſirs des choſes qui con-
duiſent à l'autre vie, & les dégouſts de
celles qui nous attachent à celle-cy, allerent croiſſans dans ſon cœur à vn tel
point, qu'il n'auoit d'autre ſouhait que
de ſouffrir beaucoup pour N. Seigneur;
& ce ſouhait eſtoit bien ſi puiſſant, qu'il
n'eſtoit pas en ſon pouuoir de l'appai-
ſer, ny d'en faire comprendre la vehe-
mençe. Voila la ſource & l'origine de
ſa vocation aux Indes, où il deſiroit endurer pour le ſalut des ames que le Fils
de Dieu auoit racheptées par ſa mort, &
qui ſe perdans tous les iours miſerable-
ment faute d'eſtre enſeignées, perdent
en meſme temps le fruict de ce grand
Sacrifice, au grand regret de ceux qui
ont des entrailles de mere, pour leur

prochain, & des cœurs de vrais ſeruiteurs pour ce Sauueur. C'eſt ce que noſtre Neophyte ne pouuoit digerer, &
ce qui fit que ſans differer dauantage, il
eſcriuit amplement au P. General, luy
demandant inſtamment l'accompliſſement de ſon deſir ; mais n'ayant pas receu tout le contentement qu'il eſperoit,
il perſeuera conſtamment, & ſans ſe re-
butter pour choſe aucune, à recharger
lettre ſur lettre, l'eſpace de dix-huiçt
ans tous entiers, à conter du premier
qu'il entra à la Compagnie, iuſques à ce
que le Ciel émeu de ſa perſeuerance, luy
octroya enfin, pour l'en recompenſer, ce
qu'il n'auoit pû obtenir depuis tant de
temps.

La ſeconde année de ſa probation, il
fut enuoyé en pelerinage, ſelon la couſtume de la Compagnie, auec deux autres ſes Connouices, qui n'eſtoient pas
âgez chacun de plus de quinze ans,
mais pourtant eſtoient deſia bien auan-
cez en la vertu. Quand ils arriuerent au
pied de Monte Virgen, à quinze lieuës
de Naples, ils eſtoient extremement las,
& comme tout recreuz du chemin. La

montée estoit rude , la chaleur desia
grande, & ce qu'il y auoit de plus fafcheux & de plus affligeant en tout cela,
c'estoit la route qui leur estoit incon-
nuë, mais Dieu les secourut. Vn ieune
garçon les ioignit portant vne seruiette
pleine de tres-belles pommes qu'il leur
offrit, leur disant fort ciuilement: *Prenez,
mes Peres, elles vous seruiront pour vous ra-
fraischir.* Cela dit, il leur enseigna le chemin, & disparut, leur laissant la seruiette
entre les mains auec les pommes , qui
outre qu'elles estoient belles à merueille, elles auoient encore vn si bon goust,
qu'il leur estoit aduis, que c'estoit vn
fruict du Paradis : aussi en receurent-ils
tant de vigueur & tant de force qu'ils
franchirent la montagne sans qu'il leur
restat rien de leur premiere lassitude,
que le souuenir. Il semble que l'Ange
Gardien de Marcel voulant rendre la
pareille, paya par cette aumosne celle
qu'autre foisil luy auoit faite, & qu'il
meritoit bien la receuoir d'vn Ange,
puis qu'il auoit eu le priuilege de la luy
faire le premier. Le Sainct ieune homme attribua cette grace à ses compa-

gnons, quoy qu'il y ait apparence, que comme Dieu fit la premiere sans estre partagée qu'à luy seul, il fit aussi la seconde en sa faueur, pour l'animer de plus en plus à son sainct seruice, & à luy rendre les deuoirs que meritoit sa vocation.

Noftre Seigneur alloit difpofant l'efprit de Marcel à vne haute vertu, par vne prouidence toute particuliere, & par vn foin de Pere, ne pretendant pas de le porter feulement à ce qui eft de plus parfait, mais de le preferuer auffi de tous les dangers qui luy pourroient arriuer. De là vint que le Demon luy deuant liurer vne puiffante attaque contre la vocation Religieufe, il le preuint fi fauorablement, & fi à point, qu'il eut fuiet toute fa vie de former vne excellente idée de cét eftat, & d'en auoir grande opinion.

La chofe fe paffa de la forte. Comme on faifoit l'enterrement d'vn des Peres de la Maifon, & qu'on luy rendoit les honneurs accouftumés en la Compagnie, Marcel entendit vne voix du Ciel qui difoit diftinctement. *Vous enterrerez bien-tost vn tel,* nommant vn certain Frere, *mais son enterrement sera bien different de celuy-cy.* Marcel oüyt à la verité la voix, mais il n'en conceut le sens que lors que l'issuë luy fit voir ce qui en estoit, car vn mois ne se passa pas qu'on mit le Frere dehors ; ce qui fut cause qu'il eut vne grande estime de la Compagnie , d'autant qu'en bon langage du Paradis, c'est vne mesme chose d'en sortir & d'estre enseuely , puis qu'on meurt par ce malheur à la perfection & à la veritable vie de l'esprit. Et à n'en point mentir, c'est vne façon de mourir bien digne de compassion, que d'estre renuoyé dans le monde , où regne le peché , la mort, la tromperie , & le Demon , qui tient vn souuerain empyre sur tout cela, & où les morts enterrent leurs morts, selon le dire de nostre Seigneur.

Le Soldat de IESVS-CHRIST esclairé de ces lumieres , & armé ainsi à l'auantage, estoit en estat de se bien deffendre contre le prince des tenebres, qui ioüoit de son reste pour le terrasser. De là à peu de temps on eut nouuelle qu'vn sien frere estoit mort en Sicile, qui estoit celuy

luy qui seul pouuoit conseruer la maison, d'autant que son aisné n'auoit point
d'enfans. Cela fut cause que quelques
vns de ses parens allerent trouuer le P.
Prouincial pour le faire sortir de la
Compagnie. Le Pere ayant ouy leur
proposition le fit appeller, pour luy donner à entendre ce qui se passoit, dequoy
il demeura si surpris & si hors de soy,
que ne sçachant comment bien declarer
ce qu'il auoit dans l'ame, ny combien il
demeuroit ferme en sa vocation, il se ietta aux pieds du Superieur faisant vœu
de ne la quitter iamais pour chose aucune qui peust arriuer; adioutant que si
tous ceux de sa maison venoient à mourir, & qu'il demeurast seul, qu'il faisoit
deslors donation de tout son bien à la
Compagnie. Cette resolution estonna
ses parens, & pleut bien tant à Dieu,
qu'il donna des enfans à son frere, &
pour surcroist de ioye, nouuelles vinrent de Sicile que celuy qu'on croyoit
mort ne l'estoit pas,

*Les estudes du Pere Marcel dans la
Compagnie.*

## CHAP. IV.

MArcel poursuiuit ses estudes auec ferueur & s'y encouragea. Poussé du desir qu'il auoit de passer aux Indes, d'y prescher l'Euangile, & de se rédre vn veritable, & tres-parfait imitateur de Sainct Xauier Apostre de là. Il receut deslors de tres-grandes graces & de tres-particulieres faueurs de la main de Dieu, entre lesquelles on peut mettre en ligne de conte celle que Nostre Dame fit à la maison de son pere tandis qu'il estoit escolier, pour la reconnoissance de laquelle il ordonna de toutes les ceremonies qui se deuoient garder à l'action de graces d'vn si grand bienfait.

Voicy comme l'affaire se passa. La saincte Vierge s'apparut à vne vieille femme de grande vertu, luy commandant d'auertir le Marquis de San Marzano, pere de nostre Marcel, que s'il

vouloit qu elle fauorisast sa famille , il
eust à oster vne sienne Image d'vn lieu
de sa maison moins sortable à la reuerence qui luy estoit deuë , & qu'il la
transportast en vn autre plus conuenab-
ble à sa Maiesté & à sa prudence.  La
bonne femme fist son message & rapporta ce qu'elle auoit ouy , tres-fidelle-
ment ; mais le Marquis ne croyant pas
qu'il y en eust aucune chez soy qui ne
fust conseruée honnestement prit ce discours pour vne reuerie. La Vierge cependant apparoist pour la seconde &
la troisiesme fois , auec commandement
exprés à la vieille de dire la mesme chose, ce qu'elle fit, aprés quoy le Marquis
donna si bon ordre à cette recherche,
qu'enfin on en trouua vne dans vn coin
d'ecurie , qui fit voir que tout ce qui se
dit d'extraordinaire ne doit pas étre pris
pour des fables , ou pour des imagina-
tions creuses des cerueaux mal-faits.

Si tost qu'on eut fait cette descou-
uerte on enleua l'image ; mais le Marquis n'estant pas pour lors à Naples , ce
fut à Marcel de prescrire en son absence comme on se deuoit comporter en

cette occasion, où il s'agissoit de reparer l'iniure qui auoit esté faite à la Mere de Dieu, & de luy rendre tout l'honneur qu'elle meritoit. Il s'y employa auec beaucoup d'affection, faisant enchasser l'Image dans vn cristal, & l'enuoyant à San Marzano pour estre mise dans la grande Eglise. Son pere y fonda du depuis vne chapelle où on fait feste solemnelle tous les ans sous le nom de Nostre Dame de Constantinople, & où elle est honorée auec tout plein de deuotion.

Marcel attribuoit à ce seruice rendu à Nostre Dame, ou pour mieux dire, à la grace qu'elle faisoit à toute sa maison de l'aggréer, le bon-heur que luy & les siens receurent de sa main, & principalement l'heureuse mort, tant de son pere, que de sa mere, & de ses freres, qu'il assista tous fort charitablement en ce passage, & ausquels il ferma les yeux auec tant d'esperance de leur salut, que tous ceux qui y furent presens, les Religieux mesmes, enuioient vne pareille mort; sur tout celle du Marquis son pere, qui entendant parler des choses du Ciel, faisoit des actes d'vn tres-ardent

amour de Dieu, & d'vne tres-parfaite
contrition. Voila ce que le seruiteur de
Dieu qualifioit du nom de veritable bon-
heur, & ce qu'il mettoit entre les faueurs
singulieres de la mere de Dieu, aussi bien
que ses nouuelles ferueurs pour les Indes , & la perseuerance qu'il apporta
pour y estre enuoyé au plustost.

Il fut si constant en cette saincte resolution qu'ayant esté choisi par trois
fois pour ce voyage, & arresté autant
d'autres par l'authorité de ses parens,
il ne perdit point esperance , & pensoit
l'emporter la quatriesme, & s'en aller
auec le valeureux martyr le P. Sebastien de Viera qui luy escriuit là dessus
des lettres toutes pleines de feu. Il eut
auis de Rome durant qu'il estoit dans
cette attente qu'on ne luy accorderoit
point sa demande si le Pere Hierosme
Mastrilli son oncle ne dōnoit les mains;
car comme c'estoit vn personnage de
merite, & fort consideré en la Compagnie, le P. General vouloit qu'il pre-
stast son consentement. Marcel fut luy
demander; mais dautant qu'il estoit pour
lors aux exercices, il le renuoya au Pere

Hierofme Pecorano fon Confeffeur,
homme fort eftimé en la Prouince de
Naples. Ce Pere pour ne point proce-
der à l'eftourdy le voulut fonder, & luy
tafter le pouls à bon efcient, ce qu'il fift
en luy propofant force difficultez qu'il
le pria de confiderer à loifir, & luy en dire par aprés fon fentiment : mais Marcel ne voulut point perdre de temps
pour y refpondre, alleguant qu'il y a-
uoit plufieurs années qu'il auoit éplu-
ché toutes ces raifons & beaucoup d'autres plus fortes & plus preffantes que
celles-là, lefquelles il rapporta fur l'heure, & aufquelles il repliqua fi perti-
nemment, qu'il eftoit bien aifé à voir
de quel efprit il eftoit pouffé, & de quel
feu il brufloit au dedans. Ce difcours
furprit tellement le P. Hierofme qu'il
fe profterna à fes pieds, luy demandant
pardon d'auoir voulu trop examiner fa
vocation, & voir trop clair dans l'affaire de Dieu ; dautant, difoit-il, que ce-
n'eftoit point Marcel qui auoit parlé,
mais bien le S. Efprit par fa bouche, &
que fa face auoit paru fi enflammée & fi
changée, qu'elle tenoit pluftoft de l'An-

ge que de l'homme. Ces parens cependant se ietterent encore à la trauerse, & eurent assez de credit pour rompre ce coup, & pour empescher vne quatriesme fois l'execution de son dessein; mais ils n'eurent pas le pouuoir de le rebuter, car nonobstant toutes leurs poursuites, il n'obmit rien soit enuers Dieu, soit enuers les hommes, de tout ce qu'il iugea necessaire pour y mettre fin.

Il menoit vne vie grandement austere, trauaillant tout de bon à sa perfection, & sa feruerur fut si excessiue, qu'elle luy causa vne toux vehemente & maligne à vn poinct, qu'on fut contraint de le tenir tout vn Esté à vne lieuë de Naples, où ceux qui sont attaquez de fievre ethique vont prendre l'air, pour voir s'il recouureroit sa santé, que Dieu luy renuoya enfin, sans qu'il eust en rien alteré celle de son ame, ny ressenty le moindre refroidissement en sa deuotion. Il conuersoit tousiours auec les plus spirituels, parlant continuellement de Dieu. Il faisoit fort souuent la discipline au refectoire, sans conter celles qu'il prenoit en particulier. Il disoit fort ex-

actemēt ses fautes en presēce des nôtres.
Il ne tesmoignoit iamais ny par œuures
ny par paroles auoir le moindre desplaisir de ses freres ; mais on lisoit ie ne sçay
quelle gayeté sur son visage qui plaisoit
à tous. Sa charité estoit extreme enuers
les malades, & se tenoit bien-heureux
d'auoir l'adresse de leur apprester à
manger, & cette action plaisoit bien
tant à Dieu, qu'on croit probablement
qu'il s'en seruoit parfois pour les remettre en santé. Il dressoit toutes ses estudes au salut des ames, ne voulant point
de vie que pour la consacrer à cet employ. Il preschoit par les places publi-
ques de Naples auec tant d'ardeur &
d'esprit de Dieu, qu'il attiroit grand
nombre de personnes, qui aprés s'estre
confessées faisoient de rudes disciplines
dans nostre Eglise, touchées qu'elles
estoient du desplaisir & de la douleur de
leurs pechés. Et ce qui estoit de plus
admirable, c'est que le soin qu'il auoit
d'assister son prochain pour le spirituel,
ne luy faisoit pas oublier les necessités
temporelles, ausquelles il suruenoit de
tout son pouuoir. Pour cela il donnoit

tous les iours l'aumosne aux pauures, &
leur distribuoit le potage à la porte, mais
de si bonne grace, & auec tant de tesmoignage de bonne volonté, que sa
douceur & sa charité leur gaignoit le
cœur.

Il se rendit les sciences si familieres,
que nonobstant le temps qu'il employoit aux exercices de deuotion, il deuan-
ça tous ceux qu'il auoit eu pour ses compagnons. Comme il estoit escolier de
Philosophie il presidoit aux disputes
qui se faisoient toutes les semaines; & en
l'absence de son Maistre il supplea pour
luy auec vn si noble auancement de ses
auditeurs, soit pour la science, soit pour
la vertu, que bon nombre d'entr'eux
soutinrent à la fin de l'année, & furent
en suite Religieux. Il reüssit encore si
bien en Theologie, qu'au bout des quatre ans on le fit presider aux Theses pu-
bliques; & neantmoins il trauailloit
tousiours auec tant d'assiduité pour son
voyage, qu'on eust dit qu'il n'auoit autre occupation que celle-là.

Entendant lire vn iour au refectoire
la vie de S. Eustache, il sentit vne cer-

B  v

taine chaleur qui se coulant doucement dans son ame luy fit croire que ce Saint l'assisteroit en son dessein. Son esperance ne fut pas vaine, car allant à quelque temps de là seruir à la Messe hors de la maison, il vit, aprés s'estre addressé au mesme Sainct, vne brillante lumiere, qui luy causa tant de tendresse, que ne pouuant plus retenir ses larmes, il fut contraint de leur lascher la bonde, & de donner liberté à son cœur de se descharger : mais ce ne fut pas tout, car il ouyt vne voix qui luy dit clairement, *Ayez courage vous en viendrez à bout.* Il se montra tousiours du depuis fort affectionné à ce Sainct, & ressentit de notables effets de ce costé-là en ses difficultez & en ses besoins.

---

*Nostre Seigneur donne certaines marques au Pere Marcel de son voyage aux Indes.*

## CHAPITRE V.

APrés que Marcel eut acheué ses estudes il fut contraint de quitter le repos dont il ioüissoit dans la maison du troisiesme an seson l'vsage de la Compagnie, pour satis faire aux iustes desirs du Marquis de San Marzano son frere Cheualier de Calatraue, personnage de rare vertu, & qui tout marié qu'il estoit auec charge d'enfans n'en estoit pas plus attaché au monde, ny moins estroitement vny à Dieu : c'est ce qui lioit ces deux cœurs, car nonobstant qu'ils fussent dans des estudes bien differens, si est-ce qu'ils symbolisoient en humeur, ayans tous-deux les mesmes desirs de plaire à nostre Seigneur.

Ce Marquis estant tombé malade manda aussi-tost son frere pour le venir voir, & luy donner en melme temps la consolation qu'il attendoit de sa personne qu'il tenoit si chere, & qui auoit des sentimens de Dieu si particuliers. Marcel acquiessa tres-volontiers à sa demande, & s'acquitta si bien de ce denoir de charité, que s'estant transporté chez luy, il luy seruit d'infirmier en sa maladie, & de medecin pour son ame à la mort : en effet l'ayant aydé à porter ses souffrances, sans courre les dangers si ordinaires aux hommes du mö de, il en sortit plein d'vne saincte ioye, & rendit l'esprit auec autant de picté qu'il auoit vescu vertueusement. Il laissa en mourant sa femme veufue, ses enfans orphelins, sa mere sans support, & son frere Marcel heritier de son mal, causé par le trauail qu'il auoit pris auprés de luy, qui fut la recompense dont nostre Seigneur paya sa charité, luy donnant vne belle & ample matiere de patience.

Sa maladie le mena iusques aux portes de la mort, qui luy estoit plus chere que la vie : sa creance estoit qu'il en mourroit, car outre que le mal le rendoit opiniastre à vn poinct qu'il est malaisé de dire, il auoit encore coniuré puissamment son frere d'obtenir de Dieu, ou qu'il passast aux Indes pour y souffrir, ou du moins qu'il l'enleuast bien-tost du monde, auec tous ceux qui restoient en vie de leur maison. Il voyoit desia quelque accomplissement de sa demande, car le Pere Mastrilli son oncle vint à mourir, & vn de ses neueux, fils aisné de son frere, & luy estoient malades si dangereusement qu'ils estoient sur les

ternies de courir la mefme rifque. De
plus le Marquis luy apparoiſſoit toutes
les nuits veſtu de blanc, luy faiſant ſigne
des mains & de la teſte qu'il gaignaſt
pays ; ce qu'il prenoit pour le voyage
du Paradis, mais l'iſſuë fit voir que c'e-
toit pour celuy des Indes où il fut enuoyé la meſme année, Dieu n'ayant pas
voulu qu'il mouruſt ſans auoir eu ſatiſ-
faction de ce coſté-là. Vne autre fois
durant la meſme maladie, il ouyt vne
voix qui luy diſoit, *Allons nous-en, il s'en
va temps*, mais comme il l'entendoit de
la mort, ſon frere ſe montra à luy qui ad-
iouta, *On en a ordonné autrement*.

Comme cela ſe paſſoit, ſa belle ſœur
ſongeoit aux moyens de le faire ſortir
de la Compagnie pour ſeruir de ſupport
à ſes enfans, alleguant pour ſes raiſons
qu'il eſtoit obligé en conſcience de
prendre ſoin de ſes neueux : les parens
meſme ſe rangeoient de ſon party, &
pouſſoient à la rouë, contribuans ce
qu'ils pouuoient du leur à vn deſſein ſi
pernicieux. Elle mettoit encore en
auant la preſſe qu'on luy faiſoit de ſe re-
marier, dautant qu'on ne trouuoit pas

bon qu'eſtant ſi ieune, âgée de vingt
cinq ans ſeulement, elle demeuraſt ſeule en ſa maiſon, à quoy elle ne ſeroit pas
obligée, ſi quittant la Compagnie, il
prenoit reſolution de viure à l'auenir
parmy les ſiens. Ce diſcours n'eſtoit
point ſi mal fondé, qu'il n'euſt aſſez de
force pour liurer vne rude attaque à
Marcel, & le ſeul intereſt de ſes neueux,
auxquels vn ſecond mariage deuoit emporter plus de cinquante mil eſcus, étoit
vne tentation capable d'esbranler ſon
eſprit, & de faire breche à ſon courage:
mais il y reſta auec tant de valeur &
tant de generoſité, qu'il dit franche-
ment à la Marquiſe, qu'il ne la tenoit
plus pour ſa parente, puiſqu'elle luy
donnoit vn ſi mauuais conſeil, duquel
il ſe ſentit ſi offenſé, que ſans la tenir
dauantage en ſuſpens il aſſigna ſon dot,
regla ce qui luy appartenoit, la renuoya
à Naples, & s'employa pour la marier.
Il fit encore en cette occaſion ce qu'il
auoit fait vne autre fois, qui fut de ſe
ietter aux pieds de ſon Superieur & faire vœu de perſeuerer conſtamment en
la Compagnie malgré tous les euene-

mens qui pourroient s'oppofer à fes intentions, fans s'arrefter aux interrefts
de fa maifon ou de fes neueux : & cette
genereufe action luy caufa tant de confolation, qu'il confefloit luy-mefme que
Dieu luy auoit rendu le centuple con-
formément à la promefle de noftre Seigneur.

Ces grands actes le difpofoient de
iour en iour à la grace que Dieu luy vouloit faire de l'enleuer d'auprés fes parens, qui auoient tafché tant de fois de
le tirer de religion, & d'accomplir les
defirs qu'il auoit de paffer aux Indes, ne
voulant point de vie qu'autant qu'il en
faudroit pour l'abandonner aux fouf-
frances, & pour l'employer au feruice
de celuy qui auoit donné la fienne pour
le racheter. Il arriua fur ces entrefaites
que Dieu ayant deffein de luy commu-
niquer quelque legere connoiffance de
l'auenir, vn homme luy apparut, veftu
de blanc, portant vne Croix de mefme
livrée fur fa poitrine, ainfi qu'il s'eftoit
apparu à luy diuerfes fois. Son vifage
eftoit gracieux à l'accouftumée ; mais
pour marques extraordinaires, il auoit

vn cierge allumé dans vne main, & vn
bourdon dans l'autre. Marcel luy demanda ce que representoient ces hiero-
gliphes. Il repart que ce cierge qui est
la chose qu'on donne la derniere aux
moribonds signifioit la mort, & le bourdon comme Symbole des Pelerins son
depart d'Italie, & que c'estoit à luy à
choisir: mais comme il estoit resigné entierement au bon plaisir de Dieu quoy
qu'il eust tres-grand desir de passer aux
Indes, pourueu que ce fust par l'ordre
de la diuine prouidence, & non par vne
pente de la nature, il ne voulut iamais
faire aucun choix. *Si faut-il pourtant*, dit
le personnage, *de deux choses l'vne, ou mourir, ou quitter son pays: lequel des deux*, re-
plique Marcel, *Il n'est pas temps*, respon-
dit-il, *de le vous dire, vn iour viendra que
vous le sçaurez.* S. Xauier le donna à entendre plus clairement à vne personne
de Naples d'Eminente vertu, qui l'asseura depuis qu'il seroit martyr.

*Dieu fait qu'vne mortelle bleſſure ouure le che-
min au P. Marcel pour ſortir d'Italie.*

## CHAPITRE VI.

SI on prend peine de peſer comme
il faut, & de regarder de bon ſens
toutes les circonſtances du miracle que ie vais raconter, il paſſera ſans
doute, & à bon droit, pour vn des plus
extraordinaires, & des plus ſignalez qui
ſe ſoient iamais veus dans l'Egliſe.

L'onzieſme de Decembre de l'année
1633. le Comte de Monterrey Viceroy
de Naples voulut faire vne grande ſolemnité en l'honneur de l'immaculée
Conception de noſtre Dame le Dimanche de ſon Octaue. Entre autres prepa-
ratifs il commanda qu'on dreſſaſt quatre Autels aux quatre coins de la cour
de ſon Palais, deſquels il donna charge
à quatre des principaux de la ville, dont
l'vn eſtoit parent de Dom Carlos Bran-
cacho frere de l'Eminentiſſime Cardinal de cette maiſon. Or celuy-là comme amy tres-intime & allié du P. Mar-

cel, le pria d'en vouloir prendre la peine., & d'apporter toute son industrie
pour faire que la chose allast bien. Le
Pere accepta volontiers vne charge si
glorieuse., & tascha de n'oublier rien de
l'artifice & de la gentillesse qu'on pouuoit esperer de celuy qui l'entendoit en
perfection. L'affaire se passa tres-bien,
& la solemnité acheuée, comme il estoit
le soir parmy les ouuriers pour donner
ordre à faire enleuer tout, l'vn d'eux luy
laissa tomber vn marteau de plus de
deux liures sur la temple droite, qui le
blessa tres-griefuement. Il fut porté par
terre du coup, dont il perdit en mesme
temps le iugement, & souffrit de gran-
dissimes douleurs qui le pronoquoient
au vomissement. Sa playe qui ne paroif-
soit pas bien dangereuse au dehors, mais
qui ne l'estoit pas peu au dedans, rendit
fort peu de sang. On accourt cependant
de tous costez ; on ressent auec beaucoup de desplaisir cet accident, & on
met le malade dans vn carosse pour estre
porté promptement au college.
    Les Chirurgiens ayans esté appellez
appliquerent le premier appareil, & re-

uenans le lendemain pour le leuer, aprés
auoir consideré le mal plus à loisir, con-
nurent aussi-tost qu'il estoit mortel, dautant que le coup auoit offencé les muf-
cles & les nerfs d'vne partie fort dangereuse; & qu'il y auoit certaines con-
ionctures qui en rendoient la cure beaucoup plus difficile, entr'autres le Cli-
mat de Naples nullement fauorable à
telles blesseures. La chose arriua comme ils l'auoient dit, car le troisiesme ou
quatriesme iour le malade fut attaqué
d'vne grosse fieure, auec des maux de
teste fort violens, causés particulierement du contrecoup. De plus il luy
tomba vne fluxion sur vn œil qui le
chargea à vn poinct qu'il estoit hors de
son pouuoir de l'entr'ouurir pour peu
que ce fust. Enfin beaucoup d'autres
accidens luy suruinrent qui estoient
tous mortels ou fort perilleux. On af-
sembla les Medecins & les Chirurgiens
qui aprés auoir consulté ensemble appliquerent vne infinité de remedes de
toutes les sortes; mais pour quelque
soulagement qu'il en receut, il fut tousiours en danger de mort, & ils n'atten-

doient plus que le vingt & vniefme iour
de fa maladie pour porter iugement de-
finitif, dautant qu'en matiere de femblables maux la bonne ou la mauuaif
iffuë en defpend. Ce iour eftant arriué
ils conclurent tous vnanimement qu'il
n'en efchaperoit pas ; parce que comme
il y entroit ( c'eftoit le trente & vniefme de Decembre , & le dernier de l'année 1633. ) le mal augmenta tout d'vn
coup notablement, auec des fympto-
mes tres-dangereux. La paralyfie fe ietta fur fon bras gauche dont il perdit l'v-
fage , & les mufcles des deux machoires
fe pourrirent de telle forte qu'il ne pouuoit ouurir la bouche, fi ce n'eftoit que
les Chirurgiens luy defferraffent les
dents de fois à autres par le moyen de
leurs ferremens auec des violences
nompareilles, fans qu'il fuft neantmoins
en leur poffible de luy faire aualler chofe aucune , non pas mefme vne feule
goutte d'eau : fi bien qu'il fut tout ce
iour-là & les trois fuiuans fans prendre
de nourriture, & fans fe pouuoir faire
entendre qu'auec vne tres-grande difficulté ; ce qui faifoit qu'on tenoit fa fan

té defefperée, & qu'on n'attendoit plus que l'heure qu'il deuſt expirer.

Ainfi les medecins l'abandonnerent auec beaucoup de deplaifir, de le voir mourir à veuë d'œil fans y pouuoir donner aucun remede. Il n'y en eut qu'vn feul qui vouluſt faire encore vn coup d'eſſay, pour experimenter fi l'impuiſ-fance dans laquelle il eſtoit d'aualler venoit de la corruption des mufcles, ou bien d'abſtraction qui bouchaſt les con-duits par l'abondance de l'humeur qui s'y dechargeoit; il luy ouurit la bouche à force d'inſtrumens, & luy fourra par trois diuerſes fois auec tous les efforts, & toutes les douleurs imaginables, vne groſſe bougie iufques à l'eſtomach, mais fans profit, car luy faifant verfer en meſ-me temps de l'eau dans l'ouuerture, il ne fut pas en luy de la faire paſſer plus auãt, d'où il reconnut manifeſtement que fon mal prouenoit d'enhaut, & que les muf-cles eſtans gaſtez il eſtoit hors du pou-uoir des hommes de le fauuer: fi bien que les vns & les autres l'abandonne-rent, & s'ils le venoient voir de temps en temps, c'eſtoit pluſtoſt pour eſtre les

tefmoins de fa mort, que pour apporter
du remede à fon mal. Il faut encore ad-
iouſter à cecy que le malade eſtoit deſia
ſi froid, que ny pour linges chauds, ny
pour autre choſe quelconque, il eſtoit
impoſſible de l'eſchauffer; le feu meſme
quoy qu'on l'approchaſt de fort prés,
eſtoit incapable de faire cet effet.

Comme il eſtoit en ce piteux eſtat le
P. Charles Sangrio Prouincial, le vint
voir le Lũdy deuxiéme de Ianuier aprés
le diſner, qui l'encouragea à la mort:
mais auant qu'il ſe ſeparaſt de luy, Marcel luy fit entendre comme il peut, que
puiſqu'il y auoit deſia quelques années
qu'il eſtoit pouſſé du deſir de paſſer dans
les Indes pour y preſcher l'Euangile
aux infidelles, qu'il trouuaſt bon, non
par aucune enuie qu'il euſt de viure,
mais bien de plaire dauantage à Dieu,
& d'acquerir plus de merite auprés de
ſa diuine Maieſté, qu'il fiſt vœu de s'y
employer, ſi tant eſt qu'il euſt agreable
de luy redonner la vie & la ſanté. Le
Pere luy accorda ce qu'il deſiroit, &
ſouſcriuit dautant plus volontiers à ſa
demande qu'il le voyoit à l'extremité,

en suitte de quoy le malade fit cette genereuse promesse auec des sentimens dignes de sa deuotion & de sa charité. On
se resolut cependant comme on le vid si
bas, & reduit à vn poinct que chaque
moment de sa vie sembloit deuoir estre
suiuy de celuy de sa mort, de luy donner
l'Extreme-onction, veu que d'autre part
il estoit impossible de luy administrer
l'Eucharistie dans l'impuissance où il
estoit d'ouurir la bouche & de consum-
mer la Saincte Hostie ; chose à la verité
qui luy causoit bien du deplaisir : car la
faim qu'il auoit de cette Celeste viande
luy estoit plus fascheuse à supporter que
toutes les douleurs qu'il auoit iusques
alors endurées, & les tourmens qu'il
auoit soufferts.

Cette disgrace si sensible à vn bon
cœur comme estoit le sien, le fit resoudre d'auoir recours à l'Apostre des Indes ; & pour cela il supplia les Infirmiers
de luy bailler vne image de ce grand
Sainct, ce qu'ils firent non sans vne
grande merueille, car il arriua par vne
prouidence de Dieu toute particuliere,
qu'entre vne infinité qu'ils auoient à

choisir ils mirent droit la main sur vne
qui le representoit vestu en pelerin, vn
mantelet minime sur les espaules, & le
bourdon en main, qui estoit iustement
l'equipage auquel il marchoit quand il
fut porter l'Euangile dans le Iapon, &
dãs les autres quartiers de l'Inde. Cette
image fut penduë au costé gauche du
lit du malade qui luy tint lieu d'oratoire
pour prier le Sainct qu'il luy obtint la
grace de communier, & la Relique qu'il
auoit de luy, d'epitheme pour appliquer
sur la partie malade à diuerses reprises
durant presque toute la nuit; ce qui fut
suiuy d'vn si merueilleux effet, que le
matin s'estant fortement persuadé que
le Sainct auoit obtenu cette faueur pour
luy , il demanda le Viatique ; neantmoins pour ne rien faire de mal à propos, il se fit apporter vne Hostie qui n'e-
stoit pas consacrée, sur laquelle ayant
fait l'essay on luy donna la Communion
qu'il receut sans aucune difficulté , &
auec le contentement qu'il est loisible
à vn chacun de s'imaginer. Ceux qui se
trouuerent presens à ce spectacle en furent estrangement estonnés, & plus encore

core quand ils virent qu'il fut entierement impossible de luy rien faire aualler du depuis, nonobstant le besoin qu'il
en auoit, à cause de l'espuisement de quatre iours entiers qu'il n'auoit rien pris,
& de l'extreme foiblesse où la violence
du mal l'auoit reduit. Il passa le reste du
iour ainsi à ieun, tantost agonisant, &
tantost à demy suffoqué par vne humeur
maligne qui luy tõboit continuellement
du cerueau en telle abondance, qu'on
s'estonnoit comme il ne trépassoit point
à tous momens.

Cette faueur de S. Xauier ne fut pas
seule; car on rapporte dans vne des informations, que cet homme vestu de blanc,
dont nous auons parlé qui portoit vne
Croix de mesme pareure sur la poitrine,
estoit ce grand Apostre des Indes, &
qu'il luy apparut souuent en cette maladie, durant laquelle luy ayant demandé
vn iour lequel des deux il aymoit mieux
ou viure ou mourir, il luy respondit qu'il
ne vouloit ny l'vn ny l'autre, mais seulement ce qui estoit à la plus grande gloire de nostre Seigneur; & s'estant enquis
s'il desiroit quelque grace du Ciel par

C

son moyen, puifqu'il auoit aſſez d'accés auprés de Dieu pour l'obtenir, il fit cette reſponce digne d'vn veritable enfant de Sainct Ignace, que ce qu'il deſiroit, eſtoit qu'il luy obtint vn parfait accompliſſement en ſoy de ſon diuin & touſjours adorable bon plaiſir.

Il eſt encore rapporté là meſme que ce glorieux Sainct traitoit ſi ſouuent & ſi familierement auec luy, qu'il s'aſſeoit auprés de ſon lit pour l'entretenir, quoy que les infirmiers fuſſent dans la chambre, ou meſme qu'ils luy donnaſſent à manger. De là vint qu'il luy diſt vne fois qu'il eſtoit ſon amy puiſqu'il ſe rendoit ſi aſſidu auprés de ſa perſonne, & ainſi qu'il auoit grand ſujet d'eſtre content : il l'eſtoit en effet, car quel moyen d'auoir du mecontentement ou de la triſteſſe en la preſence d'vn habitant du Paradis : auſſi eut-il tant de confiance en ſes paroles qu'il luy demanda tout naïfuement ce qui auoit eſté conclud dans le conſeil de Dieu touchant ſa vie, s'il deuoit auoir pour partage le cierge ſigne de la mort, ou le bourdon ſymbole du pelerinage ; mais le S. le remit à

vne autre fois, & dit qu'il en feroit in-
ftruit en fon temps.

Cette mefme information fait foy
qu'il luy apparut vne autre fois accompagné d'vn grand monde, & que Marcel luy demandant qui c'eftoit, il repondit que c'eftoient fes amis, & que l'in-
terrogeant de rechef fi ce n'eftoient
point les Martyrs du Iapon, il rechar-
gea que c'eftoient fes amis, adjoutant
feulement, que comme iuftes & bien
venus auprés de Dieu, ils prefentoient
leurs vœux, & leurs prieres en fa faueur.
Elle rapporte encore que cette mefme
compagnie eftant reuenuë quelque têps
aprés auec le cierge en main, ce grand
Apoftre prenant la parole demanda à
Marcel s'il eftoit preft de faire election,
ou du cierge pour fortir hors du monde,
ou du Bourdon pour quitter l'Italie, &
que le feruiteur de Dieu demeurant ferme dans fa premiere refolution, dit pour
vne feconde fois, qu'il ne vouloit que la
plus grande gloire de Dieu; mais qu'il
le fupplioit de luy dire fi ceux qui le fuiuoient n'eftoient point quelques ames
de Purgatoire, & que le Sainct ne luy

fit autre reponſe ſinon que c'eſtoient ſes amis qui le recommandoient à noſtre Seigneur, & qu'ils n'auoient pas peu de deſplaiſir de ſa maladie, veu qu'elle les priuoit de l'efficace de ſes ſacrifices. Il n'en fallut pas dauantage pour allumer le feu de la charité dans le cœur du Pere Marcel, & pour luy faire dire qu'il ſeroit à propos de celebrer certain nombre de Meſſes pour les treſpaſſez, & faire des prieres pour les ſoulager, ce que le Sainct ayant trouué bon, & ayant fait connoiſtre qu'il n'obligeoit point des ingrats, il pria tous les Peres de la maiſon d'offrir des ſacrifices, & tous les freres des chapelets à cette intention. Le meſme Pere faiſant vn iour alluſion à ces viſites de ſainct François Xauier eſcrit à Anthoine Tellet de Silua, ſon intime amy, qu'il deſire que le Sainct l'aille voir en habit blanc la Croix ſur la poitrine, & ſuiuy à ſon accouſtumée.

Il receut encore vne autre viſite d'vn Cheualier qui paroiſſoit eſtre de l'ordre d'Alcantara portant vne Croix verte au meſme endroit que S. François Xauier portoit la blanche, duquel il n'eut pour lors autre connoissance sinon que c'estoit cet insigne amy qui luy deuoit rendre de si bons offices : & de vray quelques Cheualiers de cet ordre luy en rendirent de tres-signalés, & tesmoignerent par effet qu'ils estoient ses veritables amys. Le Comte Duc Marquis de la Puebla, & le Gouuerneur des Philippines furent du nombre comme nous dirons en la suitte de ce discours.

Que si quelqu'vn s'estonne de ces merueilles, il n'a qu'à voir ce que le Pere en a couché luy-mesme par escrit dans vne lettre à vn Prestre de ses amys, où il parle en ces termes. *Ce que ie vous puis dire, est que durant tout le temps que ie suis demeuré malade, osté les trois premiers & derniers iours, i'ay esté comme dans vn petit Paradis, à cause des visites du Ciel quasi continuelles, des bonnes & agreables nouuelles, des changemens à mon auantage, des consolations toutes diuines, & des heureuses esperances que i'ay euës, i'ay connu plusieurs choses, & beaucoup m'ont esté cachées iusques à present.*

Durant cette mesme maladie sainct François Xauier apparut à Naples à vne femme de saincte vie à qui il dit que le Pere Marcel n'en mourroit pas & que Dieu se vouloit seruir de luy en d'autres choses. Au reste qu'elle eust à le declarer à son Confesseur, ce qu'elle fit : cependant la chose demeura secrette entr'eux-deux iusques à ce que la merueille qui esclata en suite fit voir ce qui en estoit ; c'est ce que nous verrons au chapitre suiuant.

---

*Sainct François Xauier guerit miraculeusement le Pere Marcel.*

## Chap. VII.

LE Pere Marcel auoit desja agonisé iusques à plus de neuf heures du soir, partie des Peres & freres du College estans auprés de luy pour l'assister, partie dans l'Eglise auec le Pere Recteur pour le recommander à Dieu. Les Autels estoient tendus de noir pour la ceremonie de l'enterrement, les choses necessaires pour enseuelir le corps, auoient esté portées dans sa chambre ; il auoit presque perdu la pa-

role ; & pour dire en vn mot il auoit l'a-
me ſur le bord des leures, quand il entr'ouyt vne voix qui luy dit, *Marcel, Mar-*
*cel.* Alors ayant leué les mains en haut,
ce qu'il n'auoit peu faire il y auoit long-
temps, il dit à ceux qui eſtoient là qu'ils
ne fiſſent point de bruit, pour voir s'il ne
pourroit point reconnoiſtre celuy qui
l'appelloit, aprés quoy il ouyt derechef
la meſme voix, qui dit pour la ſeconde
fois, *Marcel, Marcel,* & comme il luy ſem-
bla qu'elle auoit ie ne ſçay quoy de plus
qu'humain, & qu'elle partoit de l'Image, il creut auſſi-toſt que c'eſtoit ſainct
François Xauier qui venoit pour luy faire quelque inſigne faueur, & quelque
grace bien extraordinaire ; ſi bien que
ſurmontant ſa propre foibleſſe, il ſe
tourna tout ſeul vers ſon image, & s'ou-
bliant en meſme temps du lieu où il
eſtoit, des aſſiſtans, & de tout le reſte, il
paſſa dans vn nouueau pays, & dans vne
region bien differēte de celle où il eſtoit
auparauant, voyant au milieu de l'image le ſainct Pere veſtu en pelerin qui
d'vn viſage doux & gracieux commença à luy dire en langue vulgaire. *Hé bien*

C iiij

*qui a-il, voulons-nous mourir ou aller aux Indes!* Là dessus le Pere Marcel prit la parole, & dit qu'il ne vouloit que ce qui aggreoit à nostre Seigneur. *Mais vous souuenez-vous,* repliqua le Sainct, *du vœu que vous fites hier de passer aux Indes si Dieu vous rendoit la vie & la santé ? Ie m'en souuiens fort bien,* respondit le Pere. *Dites donc aprés moy,* repart le Sainct, & le P. commença à le suiure repetant mot pour mot les paroles qu'il proferoit, & si par hazard il arriuoit qu'il vint ou à ne pas entendre, ou à prononcer mal quelque chose, le Sainct la repetoit en se sou-riant. Ceux qui estoient presens enten-doient bien, non pas les paroles du S., mais celles de Marcel, à cause qu'il les proferoit intelligiblement, dont la plus-part, le voyant discourir de la sorte, estoient dans la croyance qu'il resuoit, comme les medecins auoient dit qu'il arriueroit si tost qu'il seroit proche de sa fin; les autres en iugeoient tout autre-ment, & disoient que ce n'estoit point vne extrauagance, mais quelque chose de surnaturel; & tous confesserent aprés, que durant tout ce temps ils ressentoient

dans le fonds de leur ame des confola-
tions inconceuables, & vne extraordinaire deuotion : enfin & les vns & les
autres attendoient dans vn commun é-
tonnement quelle feroit l'iffuë d'vne
chofe fi prodigieufe.

Les paroles que le Sainct prononçoit
& que le Pere rediffoit aprés luy deuant
tout le monde, eftoit la formule des
vœux effentiels de religion que font
ceux de la Compagnie aprés leurs deux
ans de Nouitiat, dans laquelle il entre-
laffoit de temps en temps quelque chofe du fien. Voicy les propres termes
dont il fe feruoit.

*Omnipotens fempiterne Deus, ego Marcel-
lus Maftrillus, licet vndecunque diuino tuo
confpectu indigniffimus, fretus tamen pietate
ac mifericordiâ tuâ infinitâ, & impulfus tibi
feruiendi defiderio, voueo coram facratiffi-
mâ Virgine Mariâ, te fancto Francifco
Xauerio, & curiâ tuâ cœlefti vniuerfâ, di-
uinæ Majeftati tuæ Paupertatem, Caftitatem,
& Obedientiam perpetuam in Societate Iefu,
& præcipuè Apoftolicam Miffionem
Indicam, quam heri pariter voui coram
meo Patre Prouinciali, & promitto ean-*

C v

*dem societatem me ingressurum, vt vitam in
ea perpetuò degam, omnia intelligendo iuxta
ipsius societatis constitutiones, & decreta
sancti Patris Francisci Xauerij de In-
dica expeditione edita. A tuâ ergo immen-
sâ bonitate & clementiâ, per Iesu Christi san-
guinem, & merita sancti Patris Francisci
Xauerij, peto suppliciter vt hoc holocaustum,
& votum à me indignissime nuncupa-
tum, in odorem suauitatis admittere digne-
ris, & vt largitus es ad hoc desiderandum, &
vouendum, sic etiam ad explendum, & san-
guinem pro tuo amore fundendum, gratiam vberem largiaris. Amen.*

C'est à dire. *Dieu tout puissant & eternel, ie Marcel Mastrilli, quoy que tres-indigne
de paroistre en vostre diuine presence, appuyé
neantmoins sur vostre bonté & misericorde
infinie, & poussé du desir de vous seruir, fais
vœu deuant la tres-sacrée Vierge Marie,
vous sainct François Xauier, & toute la
Cour celeste, de Pauureté, Chasteté, & Obeïs-
sance perpetuelle en la Compagnie de Iesus,
& en particulier de la Mission des Indes, laquelle ie voüay aussi hier en la
presence de mon Pere Prouincial, &
promets d'entrer en la mesme Compagnie pour*

y viure perpetuellement , entendant le tout selon les constitutions de la mesme Compagnie,
& les decrets du Pere S. François Xauier touchant la Mission des Indes. Ie
supplie donc humblement vostre infinie bonté
& clemence par le sang de IESVS-CHRIST,
& les merites du Pere S. François Xauier, qu'il vous plaise d'accepter cet Holocauste en odeur de suauité , & ce vœu que
i'ay fait quoy que tres-indignement , &
que comme i'ay receu de vous la grace pour le
desirer, l'offrir, le voüer, vous me la fassiez
tres-abondante pour l'accomplir, & pour respandre mon sang pour vostre amour.
Ainsi soit-il.

Ce vœu ayant esté conceu de la sorte,
le Sainct luy donna asseurance de sa santé , & luy dit qu'il en rendit graces à nostre Seigneur, & qu'il baisast en signe
de reconnoissance les playes du Crucifix, ( c'estoit celuy qui estoit sur son lit,
& qu'il tenoit presque tousjours en sa
main droite pour luy recommander son
ame en cette entremise. ) Il le fit auec
grande deuotion, en suitte de quoy le
Sainct luy ayant demandé s'il n'auoit
point quelqu'vne de ses reliques , &

C vj

Marcel luy ayant dit qu'ouy ; ( car de fait il en auoit vne enchaſſée auec d'autres dans vn reliquaire pendu à ſon cheuet ) il l'auertit d'en faire cas. Il s'enquit auſſi s'il n'auoit point de vraye Croix; Marcel luy ayant reſpondu qu'il en auoit, *Appliqués-la*, dit-il, *ſur voſtre mal.* Marcel prit auſſi-toſt ſon reliquaire, & ſe le mit ſur la temple offenſée; mais le Sainct luy fit ſigne de la teſte qu'il ne le mettoit pas où il falloit, & que le plus grand mal n'eſtoit pas là; ce que ne conceuant pas d'abord, le S. prit ſon bourdon de la main gauche, & l'ayant touché de la droitte au lieu où deuoit eſtre le contrecoup, c'eſt à ſçauoir vn peu ſur le derriere de la teſte, au deſſous de l'oreille, qui eſtoit iuſtement l'endroit où il auoit touſjours ſenty plus d'incommodité & de douleur, luy fit entendre ſon intention : cela fut cauſe que le Pere mit ſon reliquaire ſur cette partie, & comme il l'y tenoit, le Sainct luy commanda de dire l'oraiſon ſuiuante.

*Aue lignum Crucis, aue Crux pretioſiſſima, me tibi totū dico in perpetuum, & oro ſuppliciter, vt gratiam fundendi pro te ſanguinem,*

*iquam Indiarum Apostolus Franciscus Xa-*
*uerius, post tot exantlatos labores consequi*
*non meruit, mihi, licet indignissimo, largiaris.*
Qui veut dire, *Ie vous saluë bois de la Croix,*
*ie vous saluë Croix tres-pretieuse ; ie me con-*
*sacre entierement à vous, pour tout iamais, &*
*vous supplie tres-humblement de me faire la*
*grace, quoy que tres-indigne, de respandre*
*mon sang pour vous, laquelle l'Apostre des*
*Indes, François Xauier, aprés tant de trauaux*
*soufferts n'a peu obtenir.*

Le Sainct la prononça auec Marcel
à son accoustumée, mais si deuotement
qu'on ne peut bonnement se l'imaginer;
sur tout quand il fut arriué vers le milieu; car pour lors il fit paroistre plus de
tendresse qu'auparauant, & comme
quelque sorte de douleur, qui donna à
connoistre que le desir qu'il auoit eu durant sa vie, de respandre son sang pour
IESVS-CHRIST se conseruoit encore
apres sa mort.

Cette oraison acheuée, le Sainct voulut pour mieux disposer Marcel à l'accomplissement de son vœu, & pour l'a-
nimer d'auantage à suiure l'estendart de
la Croix, qu'il fit vn acte solennel de re-

nonciation à toutes choses, & qu'il le prononçast mot pour mot, aprésluy en cette sorte.

*Abrenuntio parentibus , amicis , propriæ domui, Italiæ, & omnibus quæmihi retardare possunt Indicam missionem, & me totum in animarum salutem apud Indos dico coram sancto Patre Francisco.* Ie renonce à mes parens , à mes amys, à ma propre maison, à l'Italie , enfin à tout ce qui peut apporter empeschement à la Mission des Indes à laquelle ie pretends, & me consacre sans reserue en presence du Pere sainct François Xauier, au salut des ames de ces quartiers-là.

Le Pere adiousta à la fin ces quatre mots , *Mon Pere , mon François* , que le Sainct tesmoignant aggreer par vn souris, luy dit d'vn visage gay, *Soyez deliberé & courageux , & repetez chaque iour les mesmes choses*; puis disparoissant, il enleua auec soy le mal & la mort , & laissa le Pere Marcel au mesme endroit qu'auparauant , qui commença à voir & à oüir ceux qui estoient autour de luy, ce qu'il n'auoit pû faire tandis que S. François auoit esté present , lesquels surpris d'vne si estrange merueille, discouroient

à leur mode de ce qu'ils auoient veu &
entendu.

Ce qui les estonna presque plus que
tout, fut que comme le Sainct parloit
auec le malade en vn lieu si estroit, qu'il
occupoit entierement l'espace qui estoit
entre le lit & la muraille, le Pere Mario
Fontanerosa Prefet de la santé y entra,
& passa sans difficulté iusques au cheuet, pour entendre plus clairement ce
que disoit le Pere Marcel, où vn Frere
infirmier voulant le suiure n'en put venir à bout quelqu'effort qu'il fist, se sentant repoussé inuisiblement, dont il s'é-
tonna, & tous ceux qui y prirent garde
de prés. A quelque temps de là, comme
on vint à examiner la chose, on n'en peut
trouuer d'autre cause, sinon que l'vn
auoit desir de passer aux Indes, & que
mesme il auoit esté nommé pour cela, &
l'autre non; si bien qu'il semble que le
Sainct voulut faire cette faueur à celuy
qu'il tenoit pour son fils entant qu'imitateur de son zele, & non l'autre qui n'a-
uoit pas encore conceu ces bons desirs.

Cependant le P. Marcel se voyant

en santé & auec appetit, demanda·à
manger; mais s'auisant qu'il estoit rai-
sonnable de rendre grace à son bienfaicteur auant toutes choses, il supplia
les assistans de s'agenoüiller, & de dire
l'Antienne & l'Oraison de sainct François Xauier, ce qu'ils firent, repetant
par trois fois, comme il les en auoit
priez, le Verset, *Ora pro nobis sancte Pater*
*Francisce*, auquel il respondit autant de
fois, *Vt digni efficiamur promissionibus tuis.*
Cela fait il prit ce qu'on luy auoit presenté, sans qu'il eût difficulté aucune,
ny à le receuoir, ny à le mettre dans sa
bouche, ny à l'aualler, chose à la verité
qui causa bien de l'estonnement à ceux
qui le virent, qui ne croyant pas bonnement à leurs yeux, s'imaginoiét, ou qu'il
estoit tombé en phrenesie, ou du moins
dans quelque trouble d'imagination.
Mais le Pere leur disoit hautement que
sainct François Xauier l'auoit guery, &
en conta en secret tout le particulier au
P. Recteur, qui pour la gloire de Dieu
& de son Sainct, en fit part aussi-tost à
ceux qui estoient lors dans la chambre,
desquels il est bien mal-aisé de dire

s'ils furent plus esmerueillez de la misericorde de nostre Seigneur, & de l'efficace des prieres du grand Apostre, que ioyeux de la guerison de leur Confrere.

Tous ceux de la Maison vinrent à diuerses fois les vns aprés les autres, pour le voir assis à son seant, sur son lict, sans estre appuyé, si sain & si gaillard, qu'il pouuoit se leuer à l'heure mesme, ce disoit-il, & celebrer la saincte Messe dés le lendemain. Ils regarderent attentiuement son visage, qui ne ressentoit point son malade, ny son moribond, mais qui estoit vermeil, & autant dissemblable de ce qu'ils l'auoient veu vn peu auparauant, qu'il y a d'vne personne agonisante à celle qui a la santé tres bonne, & qui n'a rien qui luy fasse mal. En effet aprés auoir demandé ses vestements, il se leua du lict, & marcha de pied ferme par la chambre, où ayant mis les genoüils en terre deuant l'image, il chanta le *Te Deum* auec les autres, pour rendre graces à Dieu de cette faueur.

Aprés cét acte de reconnoissance, il arracha les bandes & les linges d'autour de sa teste, & on la trouua, chose estrange! si bien guerie, qu'il ne restoit, ny cicatrice, ny marque aucune de sa playe; ses cheueux mesme qui auoient esté coupez aux enuirons, estoient reuenus à l'égal des autres: enfin il se trouua en mesme estat qu'il estoit auant qu'il eût receu le coup qui le terrassa.

Cette merueille surprit tellement les esprits, & causa tant de ioye à tout le monde, que nonobstant qu'il fust enuiron minuict, plusieurs Peres sortirent du College pour en dóner aduis à beaucoup de personnes qui n'attendoient que les seules nouuelles de sa mort, & nommement à ses Parens & au Prouincial, qui estoit à la Maison Professe; à quelques-vns desquels le cas sembla si extraordinaire qu'ils demeurerent en doute si ceux qui le leur racontoient estoient vrayement des hommes, ou si ce n'estoient point des phantosmes & vne illusion du Demon.

Il ne faut pas passer sous silence vne circonstance bien remarquable, qui est que les Peres n'ayans rien voulu oublier de tout ce qui pouuoit apporter quelque chose à la guerison du malade,

auoient mandé le soir d'auparauant, vn
fort habile Chirurgien de la ville , &
fort connu aussi de la Maison, pour luy
appliquer vn souuerain remede dont il
auoit desia fait les experiences. Or ce
Chirurgien, contre sa coustume, & contre l'attente d'vn chacun , ne voulut
point venir, ( peut estre se persuadoit-il
que sa santé estoit entierement deses-
perée ) quoy que c'en soit, il asseura du
depuis, qu'autant de fois qu'il prenoit
resolution de se mettre en chemin, il se
sentoit comme arresté par ie ne sçay
quelle personne, qui luy disoit interieurement , N'y vas pas : C'estoit sans
doute le Sainct qui vouloit empescher
qu'on n'attribuast cette guerison aux
remedes humains ; mais aprés auoir
long-temps combatu , la crainte qu'il
eut d'auoir manqué au besoin à nostre
Compagnie, emporta le dessus, & le força à se transporter au College sur la minuict , où voulant faire ses excuses au
Portier , il le trouua auec quantité d'autres, tout rauy d'aise de la santé du Pere , à laquelle il prit part , & s'en
alla sans perdre temps , en publier

luy-mefme la nouuelle de toutes parts.

Sur ces entre-faites le P. Recteur
venant à s'aduiser qu'il eftoit bon de
mettre par efcrit vne chofe fi memora-
ble & fi digne d'eftre fceuë, iugea qu'il
valloit mieux le faire tandis que la memoire en eftoit encore toute frefche,
que fe mettre en danger en differant
plus tard d'oublier quelque circonftan-
ce, dont la moindre ne pouuoit eftre que
tres-confiderable : cela fut caufe qu'il
demanda au Pere s'il auroit bien affés
de courage pour luy dicter ce qui en
eftoit; mais il luy refpondit qu'il fe trouuoit fi fort & fi confirmé en fanté, qu'il
n'auroit point de peine de l'efcrire luy
mefme; ce qu'il fit d'vne main fi affeu-
rée qu'il fut iugé n'auoir iamais fi bien
reüffi: & quoy qu'il y euft employé deux
heures, & qu'il euft paffé le refte de la
nuict dans l'entretien, il n'en fut non
plus las que s'il n'eut point du tout trauaillé. Enfin le matin eftant venu, qui
eftoit le quatriefme de Ianuier, il def-
cendit de fort bonne heure à l'Eglife, &
auffi froidement qu'à l'ordinaire, où il
dit la faincte Meffe, auec autant de quie-

tude que iamais, en presence de beaucoup de personnes qui y accourrurent
de toutes parts , dont quelques vnes
communierent de sa propre main, & il
donna le reste de la iournée à vne quantité de monde qui le vint voir pour entendre de luy-mesme le detail des merueilles operées en sa personne. Il y auoit
encore du miracle en ce que luy qui
estoit si sujet au mal de teste, n'en eut
pourtant aucune attaque pour auoir dis-
couru si long-temps , auoir assisté l'espace de cinq heures & plus aux informations que l'Auditeur du Cardinal
Archeuesque voulut faire dés le mesme
iour ; d'où on peut colliger que la visite
du Sainct Apostre de l'Inde l'auoit guery tout à la fois de tous ses maux. Cela
se confirma encore plus asseurement les
iours suiuans, dautant que sa mere estant
tombée malade sur la fin de la mesme
semaine, de la maladie dont elle mourut,
Dieu luy voulant leuer ce dernier empeschement de passer aux Indes , il l'assista dix iours consecutifs sans despoüil-
ler, & quasi sans dormir vn seul moment;
& neantmoins il n'en sentit ny foiblesse

ny incommodité quelconque.

Toutes ces merueilles ainſi bien aue-
rées firent reſoudre les Peres de la maiſon de mettre l'image qui auoit fait tant
de prodiges & tant de miracles, en vn
lieu public, où le peuple la peuſt honorer, & receuoir les graces qu'il eſperoit
du Ciel par ſon moyen. Les perſonnes
denotes de la ville trouuerent ce deſſein
ſi raiſonnable, qu'à quelques iours de là
on fit vne proceſſion fort ſolemnelle, à
laquelle toute la nobleſſe de Naples, &
preſque tout le peuple aſſiſta pour la
porter auec magnificence en noſtre E-
gliſe, & la placer dans la Chapelle de
ſainct François Xauier, où la deuotion
a eſté grande, & où bon nombre de miracles ſe ſont faits & ſe font encore tous
les iours. Pour la chambre elle fut con-
uertie en vn oratoire; & pour plus grande deuotion on fit pluſieurs copies de
l'image, à l'inſtance de quantité de bonnes ames qui deſiroient auoir ce contentement. Il y eut vn peintre qui en tira
enuiron trois cens tout d'vne ſuitte, &
qui toutes les fois qu'il voulut s'appliquer à d'autres ouurages de ſon art, ſe

fentit tousjours attaqué du mal dont il mourut peu de temps aprés. Cela fut remarqué dans Naples pour furnaturel, & pour marque que la volonté du Saint, n'eſtoit pas que la main qui s'eſtoit employée ſi conſtamment à peindre ſon image, s'appliquaſt plus à autre choſe qu'à celle-la.

---

*Les effets que produiſit la guerifon miracu-*
*leuſe du Pere Marcel.*

## CHAP. VIII.

TOut ce qui s'enſuiuit de la guerifon miraculeuſe du Pere Marcel fut à la verité miraculeux, ou pour mieux dire autant de miracles, qui l'obligerent de former vne forte reſolution de s'auancer en eſprit au point qu'il eſtoit conuenable à vn homme reſſuſcité, & choiſy de Dieu pour vn ſi glorieux employ, tel qu'eſtoit celuy auquel il l'auoit deſtiné : & combien qu'il euſt tousjours viſé à la perfection, ſi eſt-ce qu'il y trauailla du depuis tout d'vn autre air, ne faiſant pas grand cas d'at-

teindre à celle des hommes s'il n'arriuoit
à celle des Anges par vn mespris vniuer-
sel de toutes les choses du monde. Il eut
encore vne si grande reconnoissance du
bien que Sainct Xauier luy auoit fait,
qu'il prit aussi-test le nom de François;
& pour la haute estime qu'il auoit de sa
vocation aux Indes, il ne faisoit iamais
aucune signature sans donner à connoistre combien il prisoit le bon-heur d'y
estre appellé. I'ay veu quantité de ses
lettres qui toutes en font foy, au bas
desquelles il signoit *Marcel François Mastrilli Indien tres-fortuné*. Son cœur s'é-
couloit dans celuy de son bienfaicteur,
& comme il pensoit presque tousjours
en luy, aussi en sentoit-il son ame toute
liquefiée & remplie d'vne saincte ioye
qui le rauissoit. Il l'appelloit son Saint,
son Pere, & il prenoit conseil de luy en
toutes choses, & le Sainct alloit aug-
mentant de son costé cette sincere &
cordiale affection par de nouuelles graces, & par des choses miraculeuses. Il
fist vœu de faire tout ce dont on le pri-
roit en son nom pour fascheux & pour
difficile qu'il peust estre. Il disoit tous
les

les iours des Litanies en son honneur,
composées des epithetes & des Eloges
que les Saincts Peres donnent à l'Apostre sainct Paul qu'il luy appliquoit; & il
conseille à vn Pere de ses amys d'enuoyer plusieus fois le iour son Ange
Gardien le salüer, & luy faire la reuerence de sa part, d'où on peut croire
que puis qu'il conseilloit aux autres
cette deuotion, qu'il estoit soigneux
luy-mesme de la pratiquer. Le plaisir &
le contentement qu'il receuoit quand il
parloit de ce glorieux Sainct estoit si
grand, & se glissoit si intimement dans
toutes ses puissances, que le feu qui paroissoit pour lors sur son visage, faisoit
assez connoistre quel il estoit, & quel
estoit l'amour qu'il luy portoit. La lettre qu'il escriuit à celuy qui luy demandoit quelques enseignemens pour s'a-
uancer à la perfection, en donne vne
preuue bien authentique. Voicy ses propres termes. *Pour ce qui regarde le second
chef de vostre demande, comme vostre Reuerence veut-elle que ie luy dône des aduis? puis
que le droit chemin de la perfectiõ, ne se prend,
ny de moy, ny de mes exemples. Elle desire trou*

D

choses, l'vne qui la regarde, l'autre le prochain, & la troisiesme Dieu : ie luy satisfe-
ray à toutes par vne seule. Qu'elle aye sainct
François Xauier continuellement deuant les
yeux, & qu'elle s'imagine qu'il l'accompagne,
& qu'il demeure visiblement auec elle, comme il fait inuisiblement, & qu'en tout elle
fasse ce que la raison & la prudence luy sug-
gereront en tel cas. Hoc fac & viues : car
obseruant cela elle sera mortifiée en toutes
choses ; elle aura des yeux clairs-voyans
pour descouurir, & pour soulager les necessitez, tant corporelles que spirituelles du prochain ; en vn mot, elle semblera vn Seraphin
tout bruslant d'amour de Dieu, qui est le
plus haut point de perfection. Mais pour en
venir là qu'elle traite souuent auec le Sainct
d'vn cœur affectueux & ouuert ; qu'elle aye
recours à luy comme à sa mere. O que c'est
vn bon & veritable amy en toutes choses !
ô qu'il assiste puissamment dans les doutes
& dans les perplexitez ! comme tel elle luy
ennoyera à chaque heure du iour, & la nuit
mesme quand elle sera esueillée, l'Ange depu-
té à sa garde pour le saluër humblement en son
nom. Veut-elle que i'adiouste quelque chose,
& que ie die vne parole qui vaut son pesant

d'or; qu'elle imite sa confiance quand les choses humaines semblent estre entierement de-
sesperées, & qu'on ne voit ouuerture quel-
quonque pour en sortir. Tout cela est du P.
Marcel. Le Sainct payoit cette deuotion par des visites si frequentes comme
le mesme Pere declare dans la mesme
lettre, qu'il sembloit que ce n'en fust
qu'vne, & qu'il fust continuellement
auprés de luy pour le caresser.

Voila les effets que produisit la guerison du Pere Marcel. Pour ceux qui en
ouyrent parler, elle remplit leurs cœurs
d'estonnement, & leur fist croire qu'vn
miracle de cette sorte, & de cette trem-
pe ne pouuoit aboutir qu'à quelque chose de tres-eminent. Le bruit en vola par
toute l'Europe ; ce qui fit que l'Espagne
& les autres lieux par où il estoit obligé
de passer, l'attendoient auec impatien-
ce, pour auoir le contentement d'envi-
sager vn homme appellé du Ciel, & de-
stiné à vne entreprise si auantageuse
pour la gloire de Dieu & le salut du prochain. On imprima le recit de cette guerison à Naples, à Florence & à Goa,
lequel seruit à confirmer ce qui s'en

estoit dit par tout auec estonnement
d'vn chacun; & la deuotion qu'on auoit
euë iusques alors à S. François Xauier
augmenta tellement du depuis, qu'on
fit faire quantité d'images où ce prodige estoit representé, qui estant enuoyées de tous costés firent des choses miraculeuses en beaucoup d'endroits par
l'entremise du mesme Sainct.

---

*Le Pere Marcel sort d'Italie.*

## Chap. IX.

Ieu aiãt appellé à soï la mere du
P. Marcel, comme nous auons
dit, & accomply par ce moyen
ce qu'il auoit demandé au Marquis son
frere sur le poinct qu'il estoit de mourir,
les superieurs iugerent qu'il n'y auoit
plus rien qui le peust empescher de suiure la vocation diuine, ny qui les deust
obliger de luy en refuser la permission;
si bien que donnant les mains, ils luy ac-
corderent sur le champ ce qu'il auoit
desiré.

Ce congé ne luy fut pas plustost donné qu'encouragé premierement par l'esperance du martyre, fondée sur la priere qu'il en auoit faite à Dieu par le commandement de Sainct Xauier; en second lieu par l'asseurance qu'il en eut d'vne personne de Naples, dont la haute & la rare vertu authorisoient ce que Nostre Seigneur luy en auoit reuelé, laquelle luy dist de sa part qu'il eust courage, & qu'il se rejoüist d'aller aux Indes, à cause qu'infailliblement il y mourroit pour la querelle de son Sainct nom, il commença de haster son voyage, & de donner autant diligemment qu'il peut les ordres necessaires à son depart; & ce fut pour cela qu'il se voulut qualifier du nom de l'Indien tres-fortuné, dautant que sa vocation ne luy promettoit rien de moins honorable que d'endurer la mort pour IESVS-CHRIST. Ce fut aussi en ce rencontre que S. François Xauier s'acquitta de la promesse qu'il luy auoit faite, lors que guery de sa blesseure, & desirant sçauoir s'il auroit le bien d'estre Martyr, il luy dit qu'il en auroit nouuelle auant de partir de Naples pour les Indes. Il prit aussi pour

marque de cette bonne fortune l'enuie
que portoit Satan à son bon-heur ; car il
arriua qu'exorcisant vne Dame de condition en la ville de Nole au Monastere
de Iesvs, & luy appliquant en cachette la Relique de S. Xauier, le Diable
luy dit en le menaçant, *ie m'en vais maintenant sans te pouuoir nuire, mais nous nous
reuerrons sur le chemin* ; & de fait il luy fit
vne cruelle guerre durant son voyage,
dont il sortit pourtant victorieux.

Sainct Xauier ne se contenta pas de
ces seules graces pour le fauoriser, car
il luy en faisoit tous les iours de nouuelles aux occasions, celle-cy entr'autres
ne fut pas des moins considerables.
Comme il disoit vn iour la Messe dans
la Chappelle d'vne Dame nommée Chi-
ze de Tufo, sur l'Autel de laquelle il y
auoit vne Relique du Sainct enchassée
dans vn cristal, il en eut aussi-tost connoissance par vne infinité de rayons qui
en rejallirent de tous costés, & qui rem-
plirent son ame d'vne si grande ioye, &
d'vne si douce chaleur qu'il pensoit déja
estre dans le Ciel.

Il faisoit profit de toutes ces faueurs,

& correspondoit sainctement par ses re-
connoissances à de si grands bienfaits,
qui luy seruoient comme d'éperon pour
aller à grands pas dans le chemin des
commandemens de Dieu, & pour sortir
plus vistement d'Italie à dessein d'arriuer plustost aux Indes où il bornoit heureusement tous les desirs, qui n'estoient
autres, tant il croissoit d'heure à autre
en ferueur d'esprit & en charité, que d'y
employer le reste de ses iours à la gloire
de Dieu & au salut du prochain.

Comme il fut sur le poinct de sortir
de Naples il fit vne confession publique
de ses fautes en plein refectoire, lesquelles il declara l'espace d'vne demie heure
auec grande douleur & confusion, dont
tous les assistans furent extremement
edifiés, admirans ce genereux acte d'humilité en la personne de celuy que Dieu
auoit porté si haut que de l'auoir choisi
pour estre Martyr.

Il ne sortit pas seul de son pays, car
il emmena auec soy vingt trois Peres
Italiens, tous tres-grands personnages,
& d'vne eminente vertu, qui abandon-
noient volontiers le lieu de leur naissan-

ce, pouſſez d'vn grand zele de la religion, & attirez par l'exemple d'vn homme qu'ils voyoient dans le monde malgré tous les efforts de la mort, pour preſcher vne vie dans les derniers confins
de la terre, qui n'auroit point de bornes
que l'Eternité, & y donner la ſienne
pour IESVS-CHRIST. C'eſt vne choſe merueilleuſe comment il reueilla les
cœurs, & combien grand fut le courage
qu'il donna à pluſieurs de le ſuiure aux
Indes, qui demandoient à chaudes larmes d'y paſſer en ſa compagnie, & d'a-
uoir le bon-heur d'eſtre choiſis pour cet
employ Apoſtolique. Il y en eut bon
nombre qui ſignerent de leur propre
ſang les lettres qu'ils eſcriuirent pour
cela à leurs Superieurs, les prians par ce
petit eſſay, de leur octroyer vn congé
qui poſſible leur fourniroit l'occaſion
de le repandre entierement pour la defence de la ſainte Foy. Il prit ſon chemin par Rome & par les principales villes d'Italie y eſtant deſiré auec paſſion,
à cauſe des merueilles que Dieu auoit
operées, & deuoit, comme on eſperoit,
operer en luy; car on le regardoit non

pas comme vne personne du commun,
mais comme vn homme qui estoit desti-
né pour le Martyre, & pour emporter
la couronne du plus haut & du plus genereux acte de charité.

## Le Pere Marcel arriue en Espagne.

### CHAPITRE X.

L'Espagne se rendit remarquable
sur tous les lieux où il passa à luy
rendre les honneurs qu'il meritoit.  Ceux qui luy furent faits à Madrid  par  le Roy  Philippes I I I I. ne
furent pas sans vne particuliere inspira-
tion de Dieu, qui vouloit que les Ma-
jestés de la terre respectassent celle qu'il
auoit declaré par vn prodige extraordinaire deuoir regner vn iour glorieuse-
ment dans le Ciel: car il n'est pas croyable qu'vn grand Monarque d'eût rendre plus d'honneur à vn pauure Religieux son vassal, qu'il en rend aux Prin-
ces & aux Seigneurs qui en pretendent
bien dauantage; & neantmoins il le traita si ciuilement , que ie ne doute point

que l'excez de cette courtoisie ne fut vn
effet de la deuotion dont il estoit poussé
interieurement.

Il l'enchargea à son depart de prier
Dieu pour sa Personne, pour sa Maison,
& pour ses Estats. Il luy recommanda
pareillement ses Prouinces des Indes, &
aprés s'estre enquis de luy ce qu'il desiroit de sa liberalité, il luy octroya plusieurs graces, entre lesquelles celle-cy
fut bien remarquable, d'auoir donné
permission à la Compagnie, de posse-
der, contre vne loy portée en Portugal,
vn certain reuenu qui auoit esté assigné
dans ce Royaume, pour la fondation
d'vn College à Nangasaqui, ville du
Iapon : car quoy que sa Majesté iettast
les yeux en mesme temps sur les grands
fruicts que la Compagnie fait en ces
quartiers-là, & sur le grand nombre des
ames que sainct François Xauier auoit
gagnées en Orient, ainsi qu'elle le declara par deux de ses lettres où elle en
parle fort honorablement, ce fut pourtant en consideration de ce grand seruiteur de Dieu qu'elle l'accorda, &
qu'elle luy donna tout d'vn temps plein

pouuoir d'emmener auec foy plufieurs
autres Peres , promettant de les faire
paffer à fes defpens.

Marcel fut tellement fatisfait de cette liberalité du Roy , & conceut vne fi
grande efperáce de fes promeffes , qu'e-
ftant arriué à Manile aprés la conque-
fte de la grande Ifle de Mindanao, il
luy efcriuit en ces termes. *Ie fupplie voftre Maiefté de toute l'eftenduë de mon cœur
de nous faire venir icy au pluftoft quarante
Preftres de noftre Compagnie , pour publier la
foy par toutes ces Ifles ; & ie m'affeure que
Dieu reconnoiftra le feruice qu'elle luy rendra en cette occafion. Pour ce qui eft de moy ie
luy donne parole , que mort ou vif ie feray
toufiours fon fidelle fuiet & feruiteur , &
que ie prieray noftre Seigneur pour la prof-
perité de fes Royaumes , pour lefquels il me
fera bien plus aifé d'obtenir quelque chofe entre les mains des bourreaux du Iapon, & parmy les tourmens, qu'en tout autre lieu ; mais
beaucoup plus encore quand ie feray au Ciel, fi
la diuine bonté me fait la grace d'y arriuer.*

La Reyne le receut auffi auec des
fentimens dignes de fa pieté, & luy donna de riches prefens pour le fepulchre

D vj

de l'Apoſtre des Indes, vne relique duquel elle ne voulut iamais receuoir d'autre main que de celle du Pere Marcel,
s'imaginant de l'efficace au double par
ce moyen.

Quant à l'eſtime que le Comte Duc
fiſt du Pere, qui eſtoit desja conſideré
d'vn chacun comme vn homme canoni-
zé dés cette vie, en ſuitte de quoy on luy
rendoit deſlors les honneurs qui ne ſont
deus qu'aux Saincts & aux Bien-heureux, elle parut à la verité beaucoup
dans les demonſtrations de bonne volonté qu'il luy temoigna, à proportion
du zele &, de l'amour qu'il a pour la vertu, mais bien dauantage dans le ſenſible
deplaiſir qu'il luy cauſa par vn excez
d'affection. Car ſon deſſein eſtoit de le
faire paſſer au Braſil auant d'aller aux
Indes, & l'employer glorieuſement à
l'accompliſſement des affaires de ce
pays-là, où il croyoit que ſa preſence &
ſon adreſſe ne pouuoient eſtre que tres-
vtiles; il s'en deffendit neantmoins courageuſement: car quoy qu'il luy promiſt
qu'auſſi-toſt qu'il y auroit mis ordre, il
trouueroit des vaiſſeaux tous preſts pour

son voyage du Iapon en tel endroit qu'il seroit pour lors, si ne peut-il tirer son consentement, tant il auoit grand haste de conquerir la couronne où le Ciel l'appelloit, laquelle toute-fois il n'emporta pas sans rendre au prealable de signalez seruices à celle d'Espagne à la prise de Mindanao.

Il partit de Madrid pour Lisbonne auec les depéches de sa Maiesté pour le passage de quarante Iesuites aux Indes; où estant arriué, on luy fit de la difficulté sur l'execution d'vne si grande liberalité, & voulut-on au commencement reduire le nombre à dix-huict, au grand déplaisir de plusieurs de la Compagnie, qui s'estoient enroolez auec tant de ferueur & de deuotion pour ce voyage, que le seul delay leur en estoit insupportable au dernier point: mais la grande opinion de saincteté que le Pere s'estoit acquise, & la deuotion de sainct Xauier qu'il auoit imprimée bien auant dans les cœurs d'vn chacun, changea tellement toute cette grande ville, que les Ministres d'Estat, pour exacts qu'ils fussent de conseruer les droicts du Roy,

prirent vne seconde resolution, & luy
permirent d'en faire embarquer tout
autant qu'il desiroit.

Ce changement fut si considerable
que le Pere mesme en parle en sa relation de son voyage qu'il a dediée à la
Reyne, auec des termes qui tesmoi-
gnoient assez la bonté & la bienueillan-
ce des Officiers du Roy en son endroit;
ce qu'il attribuë à vne protection tres-
particuliere du S. Apostre de l'Inde, où
entr'autres choses il dist ces paroles.
*Le sieur Marquis de la Puebla, estant sollicité
puissamment par le Pere d'vn des nostres de
faire en sorte auprés du Prouincial qu'il retint
son fils, repondit qu'encore qu'il le peust obtenir de sa reuerence qu'il se garderoit bien de
luy en parler, ny d'en arrester iamais aucun
de tous ceux que le Sainct auroit choisis pour
vne entreprise si glorieuse, mettant le sceau par
cette Chrestienne reponse à tout ce qu'il auoit
fait en nostre faueur auec vne admirable pieté,
& vn merueilleux zele de la gloire de Dieu.*
Tout cela est du Pere Marcel, qui ag-
greera sans doute dans le Ciel ce qu'il
a reconnu sur la terre deuoir à la bonne
volonté du Marquis, qui non content

d'vne si grande charité, luy fit encore de
grosses aumosnes pour son passage , &
donna charge à ses valets de l'assister
en tout ce qu'il auroit besoin, iusques à
ce que son vaisseau fust à la voile.

Combien que le seruiteur de Dieu,
eût tousiours son glorieux Patron sainct
François Xauier graué au fonds de l'a-
me, si est-ce qu'il sentoit de la repugnance de partir sans en emporter le
portrait auec soy. Il auoit fait present à
la Reine de l'vn de ceux qu'il auoit ap-
portés d'Italie , & de l'autre au Comte
Duc, & sçauoit par experience combien
il auoit trauaillé en vain pour en faire
tirer à Naples, à Rome, à Gennes, & à
Madrid , qui fussent au naturel , si bien
qu'il iugeoit estre entierement inutile,
d'entreprendre la mesme chose à Lisbonne, où il ne pouuoit seiourner à tout
rompre, plus de huict iours : mais Dieu
voulut que passant du College de sainct
Anthoine au Nouitiat, plustost pour satisfaire à l'instante priere qu'vn des Peres luy en auoit faite, que par aucune esperance de venir à bout de ce qu'il pretendoit, il s'enferma le soir du Mercre-

dy de la Semaine Saincte, dans vn appartement de la Maiſon, auec vn Frere, eſtimé tres-bon peintre, où paſſans le reſte de la nuict enſemble, le Pere à declarer par le menu , autant exactement qu'il luy eſtoit poſſible, les traits & les lineamens du Sainct, & le Frere à employer ſon art & ſon induſtrie à le tirer au vif ſur ſon rapport, l'affaire reüſſit ſi bien, que le P. Marcel aſſeura qu'il fut ſurpris à vn point qui n'eſt pas croyable, quand il vid le matin qu'il auoit vn tableau qui ne ſurpaſſoit pas ſeulement, pour ce qui eſt du naturel , tous ceux que les plus excellens Peintres d'Europe auoient fait autre-fois, mais qui donnoit encore de la deuotion & de la reuerence à tous ceux qui le regardoient; de ſorte qu'il ne doutoit point que ce ne fut vne operation miraculeuſe ; & ſaiſi qu'il eſtoit d'eſtonnement, il commença à s'eſcrier. *Voilà mon Sainct ; voilà celuy que i'ay veu. Mon Frere , n'y faites plus rien ; ce tableau n'eſt pas de vous , c'eſt le Sainct qui l'a trauaillé de ſa propre main.* Et de vray à voir ſon viſage plein de Majeſté , on eut dit qu'il eſtoit deſcen-

du du Paradis. Les Peintres qui le virent du depuis, asseurerent que, soit
pour la delicatesse de l'ouurage, soit
pour l'excellence de la carnation, soit
pour la viuacité des couleurs, soit aussi
parce que contre toute sorte d'experience, veu le temps qu'il faut employer
à cela, elles s'estoient seichées en vn instant, il s'y rencontroit des merueilles,
qui alloient au delà de ce que peut l'art.
Cette image fut la chere compagne du
Pere en ses voyages, son conseil en ses
perplexitez, son oracle en ses doutes,
son azyle en ses risques, son refuge en
ses mesauentures, son Pilote en ses tour-
mentes, & pour dire en vn mot, son Patron & sa guide en ses dangers. Auec
elle, il cheminoit ioyeusement, il s'em-
barquoit en asseurance, il entreprenoit
hardiment les choses les plus difficiles,
& predisoit asseurement celles qui deuoient arriuer. Elle seruoit à r'allumer
son zele, à reschauffer sa charité, elle faisoit qu'il souspiroit aprés les peines,
qu'il mesprisoit la vie, & qu'il desiroit
ardemment la mort pour nostre Seigneur : de sorte qu'on peut dire que si

elle auoit esté miraculeuse en sa cause,
elle ne l'estoit pas moins en ses effets.

Auec vn si riche thresor il s'en alla
le septiesme d'Auril de l'année 1633. accompagné du R. P. Recteur, de plusieurs du college, & de trente trois autres qui deuoient passer auec luy pour
la conqueste des ames d'Orient, prendre
congé de la serenissime Princesse Mar-
guerite, Gouuernante de Portugal, qui
en suitte des grands honneurs qu'elle
luy fit, l'encouragea luy & ses compagnons à se rendre veritables imitateurs
des hautes & Heroïques vertus de S.
Xauier, & monta dés le mesme iour sur
mer, luy & neuf autres, sçauoir trois
Portugais & six Italiens dans la Capitanesse, & les vingt trois qui restoient,
dont quatorze estoient Italiens, deux
Allemans, & sept Portugais dans l'A-
miralle. Et ce fut vne chose bien remarquable, laquelle il prit pour bon augu-
re, que sans l'auoir premedité, il s'em-
barquoit le mesme iour, partoit du mesme port & auec le mesme dessein que S.
François Xauier s'y estoit embarqué
pour les Indes, & en estoit party qua-

...re-vingt tant d'années auparauant. Et
ce qui donna du surcroist à la merueille,
fut qu'il acheua son voyage la veille de
l'Octaue du mesme Sainct, duquel il
receut tant de graces & tant de faueurs,
qu'il fit bien voir qu'il se portoit pour
Protecteur, & pour Autheur d'vne si
saincte & si genereuse entreprise.

Quand le P. Marcel monta dans le
vaisseau, les passagers & tout l'equipage s'entrepoussoient l'vn l'autre à qui
le verroit le premier, tant ils estoient
contens d'estre en la compagnie d'vn si
Sainct homme, auec lequel le cœur leur
disoit, qu'ils seroient à couuert de tous
dangers, & qu'ils surgiroient heureusement au port. Les congratulations furent grandes de part & d'autre ; mais
principalement entre luy & ses compagnons, qui furent aussi-tost suiuies des
actions de graces renduës à Dieu & au
sainct Apostre, de les auoir choisis pour
vne si heureuse vocation : & d'autant
que le vent ne fut pas fauorable pour
faire voile iusques au treiziesme du mesme mois, le Pere s'employa à faire vne
Chappelle sur l'arriere du Nauire, où il

dreſſa deux Autels, en l'vn deſquels il
mit vne image de noſtre Dame, & en
l'autre celle de ſainct Xauier, de laquelle il dit ces paroles. Ce fut toute ma conſolation, durant vn ſi long & ſi penible
voyage, & ce ſera le threſor que ie por-
teray auec moy iuſques à la mort. Il en
fit encore vne troiſieſme en vn lieu plus
public, qui fut ſur la chambre d'Antoine Tollet de Silua, Capitaine General.

Si toſt que la Capitaneſſe fut à la
voile, luy & ſes compagnons ſe proſter-
nerent deuant l'image de ſainct Xauier,
& ſe mirent ſous ſa protection, renouuellant les vœux de la Compagnie, en la
forme que le Sainct les auoit apportez
du Ciel, & qu'il les auoit dictez luy-
meſme au P. Marcel, & s'armerent d'vn
genereux courage contre les grandes
difficultez qu'ils preuoyoient leur deuoir arriuer en cette nauigation, & qui
à dire vray, furent meſurées aux feruens
deſirs qu'ils auoiēt d'endurer pour Dieu,
& grandes à proportion de la rage du
Demon, qui les auoit menacez eſtans
encore à Naples, de leur faire ſentir ce
qu'elle pouuoit.

Quoy que le P. Marcel eût esté nommé Supérieur de tous les autres, il se
comportoit neantmoins de telle sorte,
que vous l'eussiez pris pour leur valet;
& il s'estimoit bien si peu de chose au
prix d'eux, qu'on ne pût iamais l'empescher de les seruir à table, durant tout le
voyage, ny de leur rendre les seruices
les plus rauallez.

---

*Le Pere Marcel fait voile aux Indes.*

## CHAPITRE XI.

LE P. Marcel & ses Compagnons
passans aux Indes, eurent la plus
fascheuse trauersée qui s'estoit
iamais veuë depuis qu'on nauige en ces
quartiers là; mais Dieu les assista dans
tous leurs dangers; & sainct François
Xauier les protegea en Maistre, s'oppo-
sant puissamment à la furie de Satan,
qui ne pouuoit souffrir ces conquerans
des ames, & qui n'auoit autre preten-
tion que de ralentir leur courage, ou
d'enseuelir leurs personnes & par con-
sequent leurs desseins dans l'Ocean.

Pour cela il vint luy-mesme aux mains,
& employa ce qu'il auoit de force &
de finesse pour leur livrer cette furieuse
bataille. Tantost il soufleuoit les flots
contr'eux qui les battoient à dos &
ventre; tantost il enuoyoit des calmes
qui les arrestoient court sans pouuoir
sortir d'vne seule place; tantost il exci-
toit les vens contraires qui les repous-
soient en arriere; puis il faisoit que les
Pilotes changeoient de route; vne autre
fois il leur donnoit des espouuentes &
des terreurs paniques, qui leur renuer-
soient la ceruelle; enfin pour mettre toutes pieces en œuures, & ne rien espargner de ce qui pouuoit contribuer à son
dessein, il fit venir vne flotte ennemie
qui n'attendoit que l'heure de les assail-
lir, taschant par ce moyen d'emporter
coniointement auec les hommes ce qu'il
n'auoit pas sceu luy seul armé de toutes
les puissances de l'Enfer. Cette guerre
fut rude à la verité, & les dangers en furent si grands, que comme a remarqué
le Pere, il falloit de necessité pour arriuer heureusement au port, que quelque
intelligence descendit du Ciel qui puist

e gouuernail en main, qui leur seruist
de Phare & de Nort, & qui eust tousiours l'œil à leurs besoins.

Sainct Xauier ne leur manqua pas en
ce rencontre, ny eux de deuotion en son
endroit, & ils sceurent si bien menager
ses bonnes graces & ses assistances que
contre toute apparence humaine, ils ar-
riuerent sains & saufs la mesme année à
Goa. Le Pere Marcel a couché par escrit les sentimens que tous ceux de sa
bande eurent pour ce grand Sainct.
Voicy ce qu'il en dit. *La confiance que
tous les officiers, tous les soldats, les matelots,
& les passagers de la Capitanesse eurent en ce
Bien-heureux Apostre estoit si grande, qu'ils
ne pouuoient ny parler d'autre chose faisans
chemin, ny auoir esperance qu'en luy seul.
Durant les plus fascheuses iournées on n'entendoit que ces seules paroles, S. François
Xauier nous conduira cette année à Goa. Aussi
deux fois le iour en suite des Litanies qui se
disoient les vnes aprés disner les autres sur
le tard, ayans recommandé les ames de Purgatoire à Dieu, ils prononçoient les deux ge-
nouils en terre ces belles & deuotes paroles à
haute voix. Loüé soit le tres-sainct Sacre-*

ment, la sainéte Vierge Noftre Dame conceüë
fans peché originel, le glorieux Apoftre des
Indes S. François Xauier noftre protecteur.
Ils donnerent de plus vne fort bonne aumofne
pour la congregation de Lisbonne dreffée à fon
honneur qui s'accreut beaucoup du depuis,
dautant que les Pefcheurs y appliquerent tout
le gain de leur pefche, durant deux mois : delà
vint qu'vn certain gauffeur dit vn iour par
forme de raillerie que la deuotion de S. François Xauier eftoit pour lors fi fort en vogue, &
que ce Sainét gaignoit tellement les cœurs,
qu'il auoit mangé toute la pefche du poiffon
frais de cette année-là. Les malades n'auoient
point d'autre confolation dans leurs maux, ny
les fains dans les incommoditez d'vn voyage
fi ennuyeux que d'inuoquer fon nom. Et il
adjoufte en vn endroit. *Chacun auoit iufte
raifon d'appeller à fon ayde S. François Xauier noftre S. Pilote.*

Celuy qui fit paroiftre plus de deuotion & de confiance à l'Apoftre des Indes fut Antoine Tellet Capitaine general, duquel le Pere Marcel difoit, qu'il
auoit tellement logé fon cœur & fes affections en ce grand Sainét, qu'il raffeu-
roit tous ceux qui par les difcours des
Pilotes

Pilotes auoient perdu esperãce de prendre terre aux Indes dans l'an, leur disant au fort des plus grands dangers que S. Xauier s'estoit chargé de leur voyage, & partant qu'ils n'hyuerneroient point autre part qu'à Goa. Enfin comme il estoit heritier de la vertu de ses Peres & de ses ancestres, aussi en vint-il à tel poinct que certains Religieux faisans vn iour vne procession, il dit publiquement qu'il sçauoit bien que tous les SS. auoient vn grand pouuoir auprés de Dieu pour obtenir bon vent, qu'en cette occasion toutefois l'honneur en estoit reserué à S. François Xauier priuatiuement à tout autre.

Le seruiteur de Dieu ne se contenta pas qu'on s'addressast à ce Sainct Protecteur par les seules affections, mais il voulut qu'on adjoutast les bonnes œuures & les saincts exercices. Il fit en sorte qu'on frequentast les Sacremens, qu'on recourust à la priere, qu'on dit publiquement les Litanies chaque iour; enfin qu'on fit tout plein d'autres pratiques qui excitoient la deuotion. Les premiers mois du voyage, il faisoit tous

E

les iours le Catechisme pour instruire les ignorans sur les mysteres de nostre saincte Foy, où les plus considerables du nauire, tant il estoit en grande estime, & les Religieux mesme des autres Ordres se trouuoient. Il racontoit toutes les nuicts vn exemple des ames qui expient leurs fautes en Purgatoire, ou bien quelque autre, qui donnoit à connoistre l'horreur & la grauité du peché, dont il tiroit de tres-belles moralitez, & d'où s'ensuiuoient quantité de Confessions, tant generales que particulieres, auec l'abandonnement du ieu, & autres exercices peu honnestes. Vn entre autres, qui auoit de faux dez, fut vn iour tellement touché de son discours, que sans attendre dauantage, il les ietta courageusement dans la mer. Les Caualiers qui s'estoient embarquez auec luy dans la Capitanesse, asseuroient qu'ils ne s'estoient iamais approchez si souuent de la saincte Table, qu'ils firent durant tout ce temps, taschans par ce moyen de se rendre aggreables à S. Xauier. La Communion generale qui se pratique en la Compagnie, les qua-

triefmes Dimanches du mois, s'obferua
fi exactement, auec fi grande affluence
de peuple, le Capitaine General s'y rendant toufiours fort affidu , qu'il y eut
plus de cinq cens perfonnes qui la firent la premiere fois. Toutes les autres
allerent du mefme air, à vne feule prés,
qui pour eftre tombée en vn temps in-
commode & fort fafcheux, ne conta pas
plus de trois cens Communians. Plufieurs émeuz par les feruens difcours du
Pere, embrafferent à bon efcient, l'affaire de leur falut, dont ils auoient efté fort
peu foigneux depuis long-temps. D'autres firent des changemens de vie fi
exemplaires, qu'on peut dire, qu'outre
les Confeffions neceffaires de plufieurs
années, il y en eut fort peu qui ne fe con-
feffaffent generalement.

On fit vne Congregation des Religieux & les perfonnes de qualité dont
le Capitaine general fut le premier Prefet, laquelle fut de grande edification
pour tous, & de tres-grand profit pour
l'auancement de plufieurs, où perfonne
n'eftoit receu fans auoir fait au prealable vne confeffion generale de toute fa

vie. On en inſtitua vne autre ſous le
nom du Traité Spirituel, qui conſiſtoit
outre quelques exercices iournaliers à
communier chaque mois & à faire pro-
feſſion de foy à la premiere Communion, qui ſe pratiquoit tousjours, & les
autres en ſuitte ſeparement de la generale. L'ouuerture s'en fit le ſixieſme de
May où quatre cens perſonnes s'acqui-
terent de ce ſainct deuoir, ſans manquer
du depuis pas vn ſeul mois ny à celle là
ny à l'autre. Ces deux Communions ordinaires n'empeſchoient pas qu'il n'y
en eut quantité d'autres extraordinaires
quand il arriuoit quelques Feſtes qui
toutes ſe chommoient auec beaucoup
de ſolemnité. Tout cela mis enſemble
cauſa tant de profit & d'auancement
pour les ames des nauigateurs, qu'on n'a
iamais ouy dire, que pas vn vaiſſeau allant aux Indes, eut frequenté les Sacremens, à l'égal de celuy-là. On s'exer-
çoit encore en beaucoup d'autres œuures de grande charité, auſquelles le P.
Marcel donna commencement tout le
beau premier. Ses Compagnõs le ſuiui-
rent, qui tous ayans fait de grandes lar-

geſſes de leurs petites prouiſiõs, ſe trouuerent bien-toſt reduits à telle extremité, qu'ils eſtoient contraints de peſer ce
qu'ils mangeoient chaque iour. Cette
diſette leur eſtoit de grande conſolation, quand ils venoient à conſiderer
qu'ils eſtoient contraints de ieuſner, &
de ſouffrir quelque choſe pour Ieſus-
Chriſt. Les aſſiſtances qu'ils rendoient
aux ſains & aux malades, eſtoient continuelles, & il y en auoit grand nombre de l'vne & de l'autre ſorte en tres-
grande neceſſité parmy eux. Voicy ce
qu'en dit le P. Marcel.

*Les maladies n'eſtoient pas ſeulement fre-
quentes, dangereuſes & contagieuſes ; mais
il y auoit encore grande diſette de viures, &
il ne nous eſtoit plus poſſible de ſecourir les
pauures du peu que nous auions, d'autant qu'il
y auoit deux mois que nous ne mangions qu'v-
ne fois le iour, encore n'eſtoit-ce qu'vn peu
de ris boüilly dans l'eau de mer. Nous fuſ-
mes merueilleuſement conſolez d'auoir fait
rencontre ces deux derniers mois d'vne occaſion ſi ſortable & ſi conforme aux grands
deſirs que nous auions de ſouffrir; non ſeulement pour ce qui regardoit le viure, mais en*

E iij

toute autre chofe : car fans nous relafcher
dans les exercices de pieté & de deuotion,
comme font les Sermons, les Catechifmes, les
Confeffions, Proceffions, difciplines, & autres miniſteres de noſtre Profeſsion, nous
nous chargions en outre du foin de tous les
malades, & les affiſtions nuiċt & iour, ſi bien
que pas vn ne mouroit, qu'vn de nous ne fut
à fon cheuet ; pas vn ne nous appelloit qu'il
ne nous eut en mefme temps à fon coſté pour le
Confeffer , l'exhorter , luy donner à manger
nous mefmes, & quelquesfois le luy appreſter
de nos propres mains : nous faifions leurs liċts,
nous leur donnions les medicamens, & leur
appliquions les remedes ; & pour dire en vn
mot, nous faifions tout ce que peut faire vn
bon & charitable Infirmier , foit pour le tem-
porel , foit pour le ſpirituel : car nous leur ad-
miniſtrions les Sacremens, & leur donnions
le pain du Ciel , quand celuy de la terre
nous manquoit. Et remarquant les effets
de cette pieté , il adjouſte : *Auſsi d'vn ſi
grand nombre de malades, il n'en mourut pas
plus de vingt & deux, durant toute la trauerſée, qui fut de huiċt mois ; ce qu'vn chacun tint pour vn des miracles de ſainċt François Xauier : veu qu'ordinairement il en*

meurt cent, l'vn portant l'autre, par chaque
nauire, quand le voyage n'eſt que de ſix.

La charité & la miſericorde s'échauf-
ferent & ſe réueillerent tellement dans
les cœurs d'vn chacun, plus par le bon
exemple des Peres de la Compagnie,
que par aucun conſeil qu'ils en euſſent
donné, que le Capitaine General, dont
Marcel fait ſi ſouuent vne honorable
mention, n'eſtoit iamais ſans deman-
deurs. Voila comme il en parle : *Il eſtoit
ſi liberal & ſi magnifique, que la plus grande partie de ſon nauire eſtant tombée malade
par faute de choſes neceſſaires à vn ſi long
voyage, il prit occaſion de là d'exercer ſa liberalité & ſa pieté, ſe rendant ſi ſoigneux, luy
& ſes gens, d'apporter remede à cette miſere
publique, & de ſecourir la neceſſité eſtrange-
re à ſes dépens, qu'il fut appellé hautement
de tous, le Protecteur & le ſouſtien des pauures. Le ſoin qu'il eut de nous ne fut pas
moins conſiderable, nous faiſant manger à
ſa table, viſitant en propre perſonne nos malades, & nous nourriſſant du ſien l'eſpace de
quatre mois entiers, toutes choſes nous ayant
manqué, meſme iuſques à l'eau ; mais cela
auec tant de cœur & tant de bonne volonté,*

E iiij

qu'il nous a obligez de reconnoistre vn si grand bien-fait eternellement. En vn autre endroit de sa Relation faisant mention des maladies dangereuses, qui se glissoient dans la Capitanesse, & qui croissoient de iour en iour, il adjouste. *La singuliere liberalité du sieur Capitaine General, de laquelle on ne peut parler, ny assez hautement, ny au point qu'elle merite, nous a puissamment assistez, ayant passé au delà de ce qui se peut en matiere de pieté & de magnificence: de sorte que nous auions coustume de dire, qu'il ne luy restoit plus que la cappe & l'espée pour engager.*

Ce bon exemple eut tant de force sur certaines personnes moins accommodées, qu'elles suruenoient à l'enuie les vnes des autres aux necessitez du Pere Marcel & de ses compagnons : d'où vient que luy-mesme dit, *Elles estimoient ceux-là les plus heureux qui trouuoient les occasions de nous assister.* Il y eut vn Matelot entr'autres qui n'ayant peu obtenir du Pere qu'il receust de sa main quelque peu de conserue qu'il luy presentoit pour vn de nos Peres malade, la porta en cachette en sa cabane priant à ioinen ses mains ses compagnons de l'accepter pour l'amour de nostre Seigneur & de sainct Xauier. Et le seruiteur de Dieu poursuit. *Ie n'ay point de paroles suffisantes pour exprimer comme il faut les grandes obligations que nous auons au Maistre du nauire nommé Sebastien Fernandez, de nous auoir secourus durant tout le voyage auec des entrailles de pere de tout ce qui estoit en son pouuoir, iusques à nous donner l'eau douce dont il auoit fait prouision pour sa personne, le bon vieillard se contentant de celle de pluye que ses garçons luy ramassoient, & se pleignant auec beaucoup de ressentiment quand il sçauoit que ie receuois chose aucune d'vn autre de laquelle il me pouuoit accommoder.* Voila ce que le Pere en escrit auec sa reconnoissance ordinaire. Quels deuoient estre, de grace, les bons exemples qu'il donnoit, & pour parler auec l'Apostre, la sainte odeur de IESVS-CHRIST que ce grand seruiteur de Dieu alloit repandant par tout, puis qu'il attiroit tous les cœurs, & les forçoit en quelque façon d'imiter à tel point sa charité?

Il n'y en eut pas faute qui ioignirent des œuures d'vne charité tres-signalée à la deuotion qu'ils auoient à S. François Xauier, & à l'estime qu'ils faisoient de son seruiteur, qui estoit ce à quoy le S. Apostre des Indes regardoit particulierement, & pourquoy il donnoit plus de graces & plus d'assistances, que pour toutes les autres necessitez, ausquelles toutefois il ne laissoit pas d'apporter remede aux occasions par des effets miraculeux qui faisoient voir vne protection toute particuliere de sa part: mais il prenoit garde sur tout, comme nous auons dit, au salut & à l'auancement des ames, forçant tous ceux qui s'estoient embarqués à ce voyage de s'appliquer quasi continuellement aux exercices de pieté dans vne estroite despendance de sa protection & de son appuy, ainsi que nous verrons dans le iournal de son voyage que le Pere Ignace Staffort a couché par escrit, qui est la mesme chose que ie rapporteray aux Chapitres suiuans.

*Le voyage du Pere Marcel aux Indes.*

## CHAP. XII.

AV commencement du mois de May de l'année 1635. nous nous trouuafmes à la cofte de Guince dans vn calme tout plat, accueillis de toutes les injures qu'on reffent d'ordinaire en ce miferable lieu. Et parce que les vents generaux nous furprirent à fept degrés de latitude du cofté du Nort, contraires de plus de quatre runs abfolument neceffaires pour doubler le Cap de Bonne Efperance dans la mefme année, on auifa du moyen qu'on deuoit tenir pour fe feruir des remedes furnaturels au deffaut de ceux qui n'eftoient purement qu'humains.

Pour ménager cette grace, & obtenir du Ciel cette faueur, les Peres Auguftins chanterent vne grande Meffe, & firent vne Predication le troifiefme de May, iour de l'Inuention Sain&eCroix. Le lendemain, les Dominiquains firent

E vj

le mesme pour la solemnité de saincte
Monique, cependant qu'on donnoit de
grandes aumosnes au nom de plusieurs
Saincts, & particulierement de nostre
Dame de la Conception. Le dix-septies-
me on celebra à mesme intention, &
auec le mesme appareil la glorieuse As-
cension de nostre Seigneur. Enfin le dix-
neufiesme du mesme mois le P. Marcel
faisant montre de l'image de sainct Xauier, dans vn discours qui estoit animé
d'vne feruear extraordinaire, encouragea tellement les esprits de ceux qui
auoient perdu esperance de pouuoir arriuer à Goa dans l'année, qu'ils firent
vœu sur le champ, de solémiser vne feste
en l'honneur de ce grand Sainct, s'il
leur faisoit la grace de passer la ligne
sans courir les dangers de la coste du
Brazil. La nuict suiuante, le P. Marcel
estant allé confesser vn Soldat, saisi
d'vne phrenesie qui l'auoit reduit à l'extremité, luy dit qu'il se recommandast
au Sainct, & ayant appliqué en mesme
temps vne de ses reliques à la partie du
malade, & recité sur luy vne Euangile,
il se leua aussi-tost du lict, sain & gail-

lard, criant à haute voix : *Sainct Xauier m'a rendu la santé, & donné la vie.* Ce miracle plein de consolation pour tous ceux du vaisseau, fut pris pour vne marque infaillible que le Sainct auoit ag-greé leur vœu, lequel ils accomplirent le quatriesme de Iuin, iour auquel ils ar-riuerent sous la ligne, ayans quitté l'A-miralle dés le vingt huictiesme de May, à trois degrez d'éleuation vers le Nort, & tellement gaigné sur elle qu'il fut iugé impossible d'arriuer la mesme an-née aux Indes, si on se resoluoit de l'at-tendre, & d'aller auec elle de compa-gnie : mais S. François Xauier remedia à cét inconuenient, & fit surgir l'vne & l'autre heureusement au port.

Le tresiesme du mois suiuant, iour auquel l'Eglise fait memoire du glorieux sainct Antoine de Pade, la Feste duquel fut solemnisée auec les premieres & se-condes Vespres, la grande Messe, le Ser-mon, & la Procession, la Capitanesse se trouua à la hauteur du Cap de sainct Augustin. Le vingt & vniesme en suite on celebra celle du Bien-heureux Louïs de Gonzague de la Compagnie de IESVS

moins solemnellement à la verité, mais
auec plus de deuotion; car le Pere Marcel aprés auoir fait assembler tous les petits enfans, qui, soit par leur propre ne-
gligence, soit par celle de leurs parens,
n'auoient iamais approché de la saincte
Table & les auoir instruits, donna à soi-
xante d'entr'eux la communion. Le second de Iuillet il tomba malade, & endura l'espace de trois iours de si griefues
douleurs, que les remedes naturels n'y
pouuoient rien ; mais comme il estoit
tres-deuot à la Vierge il recouvra par-
faitemét la santé par le moyen de l'huile
miraculeuse de Nostre Dame de la Na-
tiuité, dont le Capitaine general luy fit
present.

Le vingt cinquiesme du mesme, qui
est le iour auquel tombe la Feste de S.
Iacques, qu'on celebra auec pareille solemnité que les precedentes, la Capitanesse se trouua à la hauteur du Cap;
mais d'autant que suiuant les regles de
la nauigation, les vaisseaux qui vont aux
Indes ne le doublent iamais sans auoir
eu premierement connoissance de la coste d'Afrique, on fut contraint de tenir

la mesme hauteur & le mesme run quoy
que tres-dangereux, tant à cause qu'il
est peu asseuré, que pour la violence de
ces mers, rudes au possible en ces quartiers-là : ce qui obligea ceux qui auoient
de la deuotion à sainct Xauier de renou-
ueler publiquement leur vœu, ressentans
cependant vne telle assistance, & vne si
particuliere protection de sa part, que
le iour de sainct Ignace, qui est le trente
& vn, ils doublerent le Cap sans l'auoir
apperceu, à raison des brouillards qui
le couvroient, & le second d'Aoust
estans hors d'vn si grand danger comme
on châtoit la Messe de ce S. Patriarche,
dont l'agitation du vaisseau auoit contraint de transferer la Feste, le Pere
Marcel decouurit celuy des Eguilles.
Aussi, dit-il, dans son iournal, *S. Fran-*
*çois Xauier consola tellement ses seruiteurs en*
*ce rencontre, qu'il voulut rendre cet honneur*
*à son bien-aymé Pere sainct Ignace.*

L'allegresse que causa la découuerte
de ce Cap, ne dura que le peu de temps
que les furieux vents de cette coste lais-
ferent la Capitanesse en repos, & qu'ils
ne la battirent pas comme ils firent en

suitte trois iours entiers, auec les peines
& incommoditez qu'on peut s'imaginer, que deuoient prendre les paffagers
pour s'en démeler : mais ce trauail ne
feruit qu'à redoubler leur ioye, quand le
cinquiefme du mefme mois, la force de
la tempefte faififfant l'Amiralle, defia fi
efloignée qu'on l'auoit entieremét per-
duë de veuë, la ramena. Ce fut à la verité
vne aduenture bien inopinée que celle-
là, mais conforme pourtant à ce qu'a-
uoient predit le feruiteur de l'Apoftre
des Indes, que ce grand Sainct la conduiroit à Goa auffi-toft que la Capita-
neffe, d'où on connut les effets tous
particuliers de la fuaue prouidence de
Dieu, qui ordonna pour fon bien ce
qu'vn chacun tenoit pour vn tres-grãd
mal. Ce fut auffi vne marque éuidente
que cette nauigation deuoit eftre heu-
reufe, puis que non feulement le bon
vent, mais les bourrafques, mais les calmes & autres accidens la fauorifoient
au delà de ce qu'on pouuoit bonnement
efperer.

Depuis le fecond iour d'Aouft que
nous eûmes pris comoiffance du Cap

des Eguilles nous auions defia éleué
cent lieuës, autant que le Maiftre Pilote pouuoit connoiftre par fon regime,
eu égard au run que nous auions tenu
qui nous reiettoit bien loin dans la mer,
quand le vingt-deuxiefme fe trouuant à
vingt-deux degrés d'éleuation du cofté
du Sud, il iugea qu'il eftoit du tout impoffible de gaigner Sainct Laurent de
ce vent-là ; fi bien que fon aduis eftoit,
ou de relafcher au Cap pour éleuer d'a-
uantage, & fuiure ainfi la route en s'é-
cartant de l'Ifle, ou de changer de run
pour prendre entre-deux terres. Ce fecond aduis eftant trouué bon, il fut ar-
refté de paffer entre l'Ifle & la cofte
d'Affrique, non fans grande apprehen-
fion pourtant de ce qu'auoit dit le Pilote ; ny auffi fans s'apperceuoir bien-toft
par le mefme vent, qu'il s'eftoit trompé
à fon eftime durant quelques iours. Cela donna fuiet au P. Marcel de porter
en Proceffion l'Image miraculeufe de
S. Xauier, & de faire en fuitte vn Sermon tout plein de feu, pour donner de la
confiance à fes auditeurs, & leur faire
efperer que les Saincts les affifteroient,

puis qu'ils estoient assez puissans pour
reparer les fautes des hommes, & pour
remedier à cét inconuenient. La nuict
suiuante, le vent se rendit si fauorable,
que les Matelots en parloient comme
d'vn miracle qu'ils attribuoiét à la protection de S. François Xauier. Le mesme iour arriua par surcroist de merueille, ce que le P. Marcel a couché en ces
termes : *La Procession acheuée, m'estant re-*
*tiré dans la chambre du Capitaine General,*
*& ayant prié Dieu, ie fis donner les Epistres*
*de S. Xauier à vn de ceux qui estoient pre-*
*sens, & luy dis, que pour auoir quelque con-*
*noissance de l'issuë de nostre nauigation, il*
*l'eût à l'ouuerture du liure, comme font dans*
*Thomas à Kempis ceux qui se trouuent en*
*desolation :* On fit par deux fois cette experience, & ce qui se rencontra à chacune, s'accomplit du depuis au pied de
la lettre. Il leur fut donné à entendre à
la premiere, que les deux nauires deuoient toucher à Cochin, & à la seconde, que quelques-vns des Peres seroient
enuoyez au Iapon l'année suiuante; d'où
on conclud, que les Nauires deuoient
donc arriuer la courante aux Indes.

Voicy quelques-vnes des paroles que portoient ces Lettres. *Aprés quelques trauaux, vous arriuerez aux Indes* : puis, *Ne perdez pas courage, d'autant que nous nous verrons bien-tost à Goa.* Enfin, *ie vous attends à Cochin*, ce qui arriua de point en point. Aussi, disoit-il, que ce petit liuret luy tenoit lieu de guide des chemins, outre ce que Dieu luy en faisoit entendre plus clairement, par les visites dont il l'honoroit ; si bien qu'il s'en seruoit auec deuotion & reuerence, comme de l'Interprete des volontez de la diuine Majesté , & de son adorable prouidence.

Ce vent qui nous auoit esté si fauorable ne nous dura guere dautant qu'il falloit que les Pilotes prissent delà occasion de pointer leurs cartes pour reprendre leur route de laquelle ils s'estoient si fort escartés. Et combien que celuy d'entr'eux qui tenoit le premier lieu dans la Capitanesse commençast à douter comme auparauant, ceux toutefois de l'Amirale le rasseurerent si bien & si beau, que sans prendre autre auis que des remarques incertaines, ausquel-

les cette sorte de gens a costume d'ad-
jouster foy comme à des Oracles, le
vingtsixiesme ensuiuant venant à faire
vn bon frais, il chassa de rechef sur le
mesme run de vent, s'en tenant si asseuré, que le trentiesme il dist tout hautement que nous auions passé la nuit à
l'Est de sainct Laurens: mais il reconnut
son erreur le trente & vniesme, s'apperceuant le matin que nous n'estions di-
stans que de deux lieuës d'vne coste qui
s'estendoit bien loing le long de la mer,
à laquelle nous eussions fait naufrage
si S. Xauier à qui les vents de cette nauigation obeissoient, ne les eust calmés
soudain au quart du point du iour. Nous
auions la coste à la bande de l'Est, &
vn brouïllas si espais à celle de l'Ouëst
qu'il sembloit que ce fust vne autre terre : les Pilotes en estoient fort estonnés
pensans estre dans vn destroit, dont ils
n'auoient iamais eu aucune connoissance; mais ils se r'asseurerent à mesme que
le broüillars vint à se dissiper, & à leur
faire voir les manquemiens où ils estoiët
tombez, qui à la verité n'estoient pas
petits. Enfin ils reconnurent que le run

qu'ils auoient iugé nous deuoir écarter
de l'Isle de Sainct Laurens, nous chaf-
soit droit dessus vers le Couchant , &
que nous nous y fussions indubitable-
ment perdus , n'eût esté que le grand
Apostre des Indes qui y prestoit la
main, nous en deliura miraculeusement,
aprés nous auoir dégagez de quantité
de basses qui se trouuent sur le chemin
qu'ils auoient tenu. Cela n'empescha
pas toute fois qu'il ne nous restast beaucoup de dangers à essuyer, & beaucoup
de difficultez à surmonter , au changement de vent qu'il falloit faire pour
continuer le voyage , & suiure la route
droit à Goa.

On apprehendoit que la memoire des
incommodités passées durant vne nauigation entremeslée de tant d'accidens,
& la crainte dans laquelle vn chacun
estoit d'vn prochain naufrage, ne cau-
sast quelque trouble, quand la ferme
confiance que tous auoient en Sainct
Xauier, & la presence du Pere Marcel
accoisa tellement les espris , qu'on iugea que tous les maux soufferts iusques
à l'heure, n'estoient point arriués par

hazard, ny sans vne conduite superieu-
re à celles des hommes, la prudence
desquels auoit pris pour mes-auenture
ce qui auoit esté concerté dans le Ciel,
& arresté au conseil de Dieu. Aussi le
Pere Marcel remarquoit-il que le sentiment commun estoit qu'il falloit de
necessité qu'il y eût quelque faueur signalée de sainct François Xauier ca-
chée sous les diuers rencontres d'vne
nauigation si bigarrée & si extrauagan-
te à là voir. Et en effet consultant par
diuerses fois les lettres du sainct pour
contenter sa deuotion, il y trouua toû-
jours dequoy bien esperer de son voyage. Il y rencontra vne fois entre autres
vn auertissement de se preparer à de
nouuelles peines qui luy deuoient estre
causées par les ruses & par les artifices
de Satan. Vne autre qu'il rendist graces à Dieu de la faueur qu'il luy auoit
faite & à tous ceux de sa compagnie; &
on sceut du depuis qu'au mesme temps
cinq Gallions Hollãdois auoient atten-
du de pied ferme la flotte des Indes à la
hauteur de Mozambique, lesquels ils
euiterent par leurs détours, marque

tres-euidente que ces égaremens n'e-
stoient point arriués à l'auenture, mais
par vne prouidence de Dieu.

Ce danger échappé ils eurent bon
vent pour continuer leur route au dedans de l'Isle, & se trouuerent l'onziesme de Septembre à seize degrés du costé du Sud ; le treiziesme à douze, passans en suitte la ligne vers le Nort pour
la seconde fois le vingt-septiesme, où
se voyans sans vent ils tomberent dans
de nouueaux soins, & dans de nouuelles afflictions ; si bien qu'ils iugerent
estre temps plus que iamais de celebrer
la feste de sainct François Xauier, à laquelle ils s'estoient obligés par vœu.

La resolution ainsi prise, on commença la solemnité le trentiesme du mesme
par la communion de la Confrerie du
Traicté spirituel, où plus de sept cens
personnes receurent le sainct Sacrement, & le sainct fit leuer dés la nuict
suiuante vn vent fort fauorable, qui ne
continua pourtant qu'autant de temps
qu'on en employa le iour d'aprés à honorer ses grandeurs par vne Messe solemnelle & vn Sermon ; d'où quelques-

vns prirent occasion, voyans que cette
grace auoit si peu duré, non pas de ra-
ualler tout à fait le pouuoir du sainct,
mais au moins de diminuer la haute opinion qu'on auoit conceuë du Pere Marcel son deuot & fidelle seruiteur.

Pour remedier aux grands maux
qu'vn chacun ressentoit de la faute de
vent, les Religieux de sainct Augustin
firent vne procession, à laquelle ils ad-
jouterent les Litanies, la predication,
& la discipline. Le iour suiuant ceux de
sainct François s'addresserent à sainct
Antoine de Pade se seruans de nouuelles deuotions pour obliger ce sainct à
leur accorder leurs iustes demandes:
mais dautant qu'il ne plût pas à Dieu
de donner par aucun de tous ces moyens
quoy que tres-pieux, la consolation desirée, il fallut auoir derechef recours à
sainct François Xauier pour l'obtenir;
& le Capitaine general sceut bien dire
que cette longue entre-suitte de maux,
n'estoit qu'vn chastiment du peu de
soin qu'on auoit eu de defendre l'honneur de l'Apostre des Indes contre vne
langue inconsiderée, qui auoit pris occasion

casion du peu de temps que le vent s'e-
stoit rendu fauorable, le manquement
duquel se faisoit bien sentir pour lors, de
luy faire iniure, & de le blasmer tres-
impudamment, nostre Seigneur le permettant ainsi pour la plus grande gloire
de son Sainct, qu'il leur auoit donné
pour particulier Patron de ce voyage.
Cela fut cause que le Pere Marcel sortit le huictiesme d'Octobre de la Chapelle sur le tillac, les pieds nuds, la corde au col, & la teste couuerte de cen-
dre, où ayant arboré vne grande Croix
de bois qui faisoit voir les marques des
playes de nostre Seigneur, il ordonna
vne tres-deuote Procession, durant laquelle se disoiët les Litanies des Saincts,
qu'vn chacun prononçoit si lamenta-
blement, & auec des voix si lugubres,
qu'il estoit aisé à voir la desolation que
leur auoient causé tant de peines, & le
grand besoin qu'ils auoient du pouuoir
de tous ces Bien-heureux auprés de
Dieu. La priere acheuée, il prescha en
cét habit de penitent, auec sa ferueur
ordinaire, qui se fit bien connoistre par
les larmes de ses auditeurs; & ce fut

F

pour lors qu'il découurit l'Image de son
glorieux Sainct, laquelle il n'auoit point
monftrée depuis huict iouts, à raifon
d'vn deftour qu'ils auoient pris pour
auoir eu, à fon aduis, moins de croyance
qu'il ne falloit en fa protection ; aprés
quoy il expofa publiquement le Sainct
Suaire, apoftrophant le Pere Eternel
auec des paroles pleines de compaffion,
& luy prefentant les douleurs de fon
Fils, par les mains de S. François Xauier, pour obtenir remede à leurs maux,
& foulagement à leur affliction. Cela
fait, il publia vne neuuaine en l'honneur
du mefme Sainct, à commencer dés le
lendemain, à chaque iour de laquelle il
conuia vn des neuf Chœurs des Anges
pour y affifter; il en referua vn dixiefme
pour fainct Michel, que ce glorieux
Sainct auoit tant honoré durant fa vie,
& vn vnziefme, pour la clofture de la
celebrité. Cét ordre ayant efté ainfi
donné, chacun s'en retourna dans la
Chapelle, en chantant le *Miferere*, où
on fit puis aprés la difcipline. Le iour
fuiuant le Pere Marcel porta encore à
la Proceffion l'image miraculeufe pen-

duë à la Croix de bois, auec laquelle il estoit sorty le precedent; il y prescha auec le mesme esprit, & tira des yeux de ceux qui l'écoutoient, autant de larmes qu'il en auoit tiré auparauant: enfin cette solemnité fut terminée par vne discipline de beaucoup plus grand nombre de penitens, bien plus longue & bien plus feruente que la premiere; & on garda chaque iour de cette neuuaine, tout ce qui s'estoit obserué celuy-là.

Les biens & les auancemens spirituels que causerent ces onze iours furent tres-grands & tres-particuliers; aussi estoit-ce iustement ce que Dieu pretendoit, sçauoir est que ceux qui auoient le plus resisté aux inspirations du Ciel, se rendissent enfin par cette commune affliction, à l'exemple & aux exhortations de son seruiteur, comme firent plusieurs, dont les vns pardonnerent à leurs ennemis apres auoir fait vne confession generalle de tous leurs pechez; les autres restituerent le bien qu'ils auoient mal acquis, portans aux pieds du Pere les charges entieres de hardes, pour les remettre entre les

mains de ceux à qui elles appartenoiēt.
Enfin , tant les communions, que les
autres exercices de pieté qui se firent
durant tout ce temps,& frequemment,
& auec ferueur,furent des effets confor-
mes au dessein de Dieu. C'est pour quoy
il ne fut pas possible que sainct François Xauier ne se sentit obligé d'vne si
deuote neuuaine faite en son honneur,
qu'on pouuoit bien nommer vne Feste
du Paradis , puis que les plaisirs & les
passe-tēps y estoiēt si purs , & si differēs
de ceux qu'on pratique ordinairement
dans le mōde en semblables solemnitez,
dont les debauches font vne bien plus
grande iniure aux Saincts , que les deuoirs , qu'on pretend leur rendre ne leur
font d'honneur: aussi pour monstrer
qu'il auoit aggreé cette pieté , il consola ses bons & fidelles seruiteurs par vn
vent si fort & si fauorable, qu'ils eussent
peu nonobstant les grandes marées, aller querir les Isles Maldiues , si le Premier Pilote n'eût pris vne autre route,
pour adiouster cette faute à tant d'autres qu'il auoit desia faictes durant le
voyage.

*Satan persecute le Pere Marcel durant
sa nauigation.*

## CHAP. XIII.

LE Diable estoit au desespoir de
ce que ses affaires alloient en de-
cadence par le grand nombre de
Confessions , & de signalées conuer-
sions qui se faisoient depuis que le seruiteur de Dieu s'estoit mis en mer, &
nommément par celles qui se venoient
de faire tout fraischement durant les
onze iours qu'on celebra auec tant de
deuotion & de penitence, la feste de son
glorieux Patron. Delà vint qu'il trauailla fort & ferme à s'opposer de son costé
aux sainctes intentions du Pere, & à arrester le progrez de ses bons desseins.
Le mesme Pere faisant mention en termes generaux des embusches, & pour
se seruir de ses propres mots, des filets &
des pieges que luy tendit l'ennemy du
genre humain, pendant son voyage, il
dit en tierce personne. *Si Satan s'est mon-*

tré tellement attentif à faire que ses ruses
reüsisent selon ses pretentions, c'estoit possible pour executer ce dont il auoit menacé vn
de nos Peres, quand enragé qu'il estoit d'a-
uoir esté contraint d'abandonner vne personne de haute condition, qu'il auoit tourmentée
longues années, dans vne des principales
villes d'Italie, il luy dit: Ie suis dans l'impuissance de rien faire à present, mais nous
nous reuerrons sur les chemins. Dieu a voulu neantmoins que par l'assistance de nostre
Protecteur, tous ses desseins s'en soient allez
en fumée, & que mille meschancetez qu'il
auoit inuentées contre luy, ayent toutes
abouty à la seule contusion d'vne iambe. Or
le Demon ne pouuant faire bresche à sa
fidelité, tant il estoit preuenu des bene-
dictions du Ciel, Nostre Seigneur luy
permit, comme il a fait souuent, à l'endroit de ceux qu'il cherit le plus, & qu'il
veut éleuer bien hautement, que pour
fournir vne ample matiere de patience
à son seruiteur, & pour affermir son courage si necessaire à l'entreprise des Isles
du Iapon, il vsast de main mise, & que
s'apperceuant que ses finesses estoient
trop courtes pour endommager tant

ſoit peu ſon ame, il l'attaquaſt en la partie la plus baſſe, qui eſt le corps : quoy qu'il fiſt pourtant pour le moleſter, ſi n'en remporta-il autre auantage qu'vne extreme confuſion ; où au contraire, le ſeruiteur de Dieu eut touſiours tellement le deſſus, que s'entretenant quelques-fois auec le Capitaine General, il auoit couſtume de luy dire en ſe riant: *L'Ennemy eſt merueilleuſement ſoigneux : car à vray dire, il ne laiſſe échapper aucune occaſion pour venir à bout de ſes entrepriſes.* De fait, pour monſtrer qu'il eſtoit touſjours à l'erte, il le bleſſa à la iambe comme il dormoit, d'où on peut voir encore ſon peu de cœur, & combien eſtoit grande ſa foibleſſe. Voicy comme l'affaire ſe paſſa.

La repugnance auec laquelle le Pere accepta la charge de Superieur de la Miſſion des Indes en l'ānée 1635. l'obligea à faire paroiſtre ſon reſſentiment, & à former certaines plaintes dont il fit part de temps en temps durant ſon voyage à ſon intime amy Antoine Tellez de Silua. Son déplaiſir ne naiſſoit point de la difficulté qu'il eût à gouuer-

ner ces hommes Apostoliques qui paf-
soient auec luy dans des Prouinces fort
esloignées de leur Pays, de leurs parens
& de leurs amis, pour chercher non des
richesses, mais la pauureté; non des
plaisirs, mais des tourmens; non des
honneurs & des preéminences, mais
des opprobres & des ignominies, qu'ils
tenoient pour toutes asseurées parmy
les infidelles & les Gentils. Ils estoient
si feruens que pas vn d'eux ne mesuroit
les trauaux à ses forces, mais bien à la
grandeur de ses desirs, chacun voulant
faire luy tout seul ce que les autres faisoient en commun: de sorte qu'ils com-
posoient vn escadron de conquerans
Euangeliques, d'vn si facile, si aggreable, & si suaue gouuernement, qu'il
n'y auoit que le Pere Marcel, qui eu
égard à la delicatesse de son esprit &
à la grandeur de son zele, pût decouurir
des causes de plaintes touchant la peine qu'il sentoit en la charge de Supe-
perieur. Il en trouua pourtant & de
tres-iustes, qu'il declara par le discours
qu'il tint au Capitaine general. *Qu'on ne
ne me parle plus de Superiorité*, luy dit-il,

Seigneur Capitaine ; non qu'on ne m'en parle plus. Quoy donc si ie ieusne vne pauure iournée, pas vn de ceux qui sont sous ma charge ne veut manger : Si ie fais vne seule fois la discipline, chacun la veut faire comme moy : les nuicts que ie couche sur la dure, personne ne veut dormir dans le lit : s'il arriue que ie sois occupé aux confessions, pas vn ne veut partir du Confessionnal : en vn mot ie ne fais aucune penitence en laquelle ie ne me voye surmonté par la ferueur de mes compagnons : & d'autant que plusieurs d'entr'eux sont de petite complexion, & qu'ils ont leurs infirmitez particulieres, ie me sens obligé, ou de relâcher dans les exercices de mortification dont i'ay besoin, & de me priuer des peines pour lesquelles i'ay graces à Dieu des forces de reste, ou d'estre cause qu'ils tombent dans des indispositions desquelles ie suis tenu de les preseruer.

Telles furent les plaintes du seruiteur de Dieu, qui trouua enfin quelque consolation dans ce sensible déplaisir par vne inuention dont il s'auisa, & de laquelle Satan se seruit pour l'estropier, qui fut de ceder sa chambre aux autres Peres, affin qu'ils y lo

E v

geaſſent auec moins d'incommodité, &
de ſe retirer dans vn petit trou proche
de là, où il pût plus couuertement lâ-
cher ſa bride aux feruens deſirs qu'il
auoit de deuotion & de penitence, &
d'où il pût auſſi accourrir à toutes les
neceſſitez du vaiſſeau ſans eſtre veu.
Antoine Tellez de Silua le voyant ſi
mal logé, & ſur tout mal couché au
poſſible, conteſta auec luy aſſez long-
temps à ce qu'il changeaſt de loge-
ment, ou qu'il priſt au moins vn autre lit ; mais il ne pût gaigner autre
choſe, ſinon de luy faire accepter vne
cabanne penduë en l'air, à la façon des
plus pauures garçons de l'equipage :
& d'autant qu'il n'auoit pas la force
de la dreſſer luy meſme, il donna charge au Maiſtre de l'adiuſter, qui pour
l'eſtime qu'il faiſoit du Pere employa
toute ſon induſtrie à la rendre commode & ſi bien ſouſtenuë, qu'elle pouuoit
durer pluſieurs années ſans aucun danger. Auec tout cela neantmoins on la
trouua par terre le lendemain matin,
les cordes coupées, & le Pere bleſſé à
vne jambe, qui luy couſta en ſuitte bien

du sang qu'on fut contrainct de luy
tirer.

Voila la premiere fois, que l'Enfer
declara plus effrontement la haine qu'il
portoit au Pere Marcel, laquelle il
continua du depuis onuertement, tantost en le heurtant rudement, tandis
qu'il estoit occupé en ses exercices de
pieté : tantost en s'efforçant de l'interrompre, par des sifflemens de Ser-
pens, ou par quelque autre inuention
tousiours diabolique & effroyable : il
troubloit mesme par des cris & par des
voix épouuantables ceux qui faisoient
la discipline à sa persuasion. Comme il
estoit vn iour en Conference, quelques-
vns apperceurent vn Phantosme noir
qui leur causa bien de la frayeur ; mais
le Pere Marcel se mocquant des prestiges de cét ennemy du bien commun,
qui enrageoit de voir les grans fruits
qu'il faisoit par ses discours, ne fit que
prendre la relique de son sainct Protecteur pour le chasser.

Satan n'estant pas satisfait de cela,
se seruit d'autres inuentions & d'autres
artifices pour ietter le trouble dans les

confciences, & pour apporter empef-
chement aux bons fuccez que les vaiffeaux attendoient de la protection de
fainct François Xauier ; & qui pis eft
il fit en forte que pas vn ne s'onurit au
Pere Marcel : mais luy s'apperceuant
de quelque chofe, prift vne eftole apres
le Sermon du huictiefme d'Octobre,
iour auquel il publia la fefte du mefme
Sainct, & ayant demandé le liure des
Exorcifmes, commença d'vn vifage fe-
uere à merueille, & d'vne nouuelle &
extraordinaire ferueur, à menacer le
Diable, & à le coniurer qu'il abandon-
naft le nauire, & qu'il laiffaft fon monde
en repos. Il fit cela auec tant d'energie
& tant d'efficace, qu'il dóna de la crainte à plufieurs, qui touchez du remords
de leur confcience, conceurent auffi-
toft de tres-bons fentimens pour leur
falut, & on s'apperceut deflors que le
Demon eftoit décheu de l'afcendant
qu'il auoit pris fur quelques-vns, pour
leur fermer la bouche, & pour les em-
pefcher de fe confeffer. Vn Canonier
entr'autres, fortant en quelque façon
hors de fon bon fens, par la viue appre-

hension des iugemens de Dieu, se trouua porté tout d'vn coup d'vn lieu bien
esloigné, d'où il entendoit la Predication, aux pieds du Pere, criant à haute
voix, tout troublé qu'il estoit & baigné
en larmes, *Mon Pere confession, pour l'a-*
*mour de Dieu, car il y a cinq ans que ie n'ay*
*point esté confessé*, & commençoit desia à
declarer ses fautes deuant le monde,
lors que le seruiteur de Dieu aprés l'a-
uoir consolé, & demandé pour luy aux
assistans, cinq *Pater noster*, & cinq *Aue*
*Maria*, differa sa confession iusques à ce
qu'estant mieux à soy, il pût rendre raison plus à loisir de tous ses pechez. Ce
qui augmenta encore la merueille, fut
que comme on eut informé du fait, &
que le personnage eut esté iuridique-
ment interrogé, il iura qu'il ne sçauoit
comment il s'estoit trouué auprés du
Pere, sans passer au trauers d'vn si grád
monde, ny comment vne chose si extraordinaire, s'estoit pû faire si soudain, &
si à l'improuiste, sans auoir causé aucun
trouble dans le vaisseau.

Cette proye rauie d'entre les griffes
du Demon, par le moyen de la Peniten-

ce, fortifia la haine que ce mal-heureux
esprit a conceuë de longue-main contre
le Sacrement de noftre reconciliation.
Il le fit bien paroiftre en la perfonne
d'vn ieune garçon, valet des Peres, nommé Laurens Souza, qui entra du depuis
à Goa, en la Compagnie. Ce ieune enfant ayant veu que le Pere Marcel auoit
couftume, à la fin de la difcipline, qui
fe faifoit durant la neuuaine de S. François Xauier, de recommander à vn chacun de luy donner aduis de ceux qui n'a-
uoient pas encore expié leurs fautes par
la Confeffion, s'alla coucher vn iour
auec intention de l'auertir le lendemain
d'vn certain, qui ne s'eftoit pas acquit-
té de ce deuoir; mais il ne fe fut pas pluftoft endormy fur cette fainóte penfée,
qu'il fut fort molefté d'vn Spectre, qui
luy apparoiffant, fe lança tout d'vn coup
fur fon eftomach, & luy froiffant les os
luy dit intelligiblement, *Si tu dis demain
matin au Pere, qu'vn tel ne s'eft pas confef-
fé, affeure-toy que tu le payeras.*

Il fift encore fentir fa cholere à vn autre fe prefentant à luy en forme d'vn
Negre extrémement difforme, dont il

fut tellement saisi d'espouuante qu'il
entra en detranges conuulsions. Vn
sien camarade le voyant trauaillé de
la sorte, & croyant qu'il alloit rendre
l'ame appella le Pere, lequel venant
aussi-tost auec vne relique de sainct
François Xauier, le consola : mais ap-
prenant la nonchalence du personnage,
il le confessa le Dimanche en suiuant &
le communia auec Laurens. Le Demon
ne manqua pas dés le soir au temps
qu'on prenoit la discipline, de faire
son possible pour tirer raison de cet
affront, & pour inquietter les penitens
par des grimaces, & par des tintamar-
res épouuentables. Le Pere leur fist
signe auec la sonnette qu'ils tinssent
bon, & commanda au Demon de se retirer & de ne point troubler le Nauire:
ce qu'il fit d'vne voix si forte & si pleine de Dieu, que le malin esprit en prist
l'espouuante, & que beaucoup de ceux
qui s'y trouuerent eurent leur bonne part de la frayeur. La discipline
acheuée, il entendit encore vn autre
bruit, comme d'vne personne qui de
rage de se voir honteusement chassée

de fon pofte, fe frappoit horriblement
la bouche, fans pouuoir declarer fon
fentiment ; il n'en fit neantmoins aucun femblant de peur de renouueller
les premieres craintes ; mais à peine fe
fuft-il mis à confeffer quelques perfonnes qui l'attendoient, qu'on ouyt des
voix fort alarmées qui crioient hautement, *Iefus, Iefus, Sainct François Xauier,
Pere Marcel, Pere Marcel.* Il y court à la
hafte auec fa relique, & trouuant Laurens eftendu fur la place fans fentiment, il le fit premierement reuenir, &
puis ayant diffipé fa crainte & banny
fes troubles, il confola les autres & les
raffeura. La caufe de cet accident, fut
que la difcipline eftant finie, vn Demon
d'vne figure épouuantable rencontrant
Laurens au milieu de la place où il s'e-
ftoit affis pour dire fon chapelet, le fai-
fit à la gorge, & le porta par terre fort
rudement ; mais fi toft qu'on eût appellé le Pere il prit la fuite & fe preci-
pita dans la mer, laiffant le pauure garçon remply d'vne fi horrible puanteur,
que ce fut, comme il confeffa luy mefme, le plus grand mal, & le plus grand

tourment qu'il endura.

Voila vne partie des peines que fit Satan dans la Capitanesse, & des auantages que le Pere Marcel remporta sur luy, qui n'empescherent pas que quelques-vns n'en formassent de tres-sinistres iugemens, condamnans ses ferueurs de sottises, & le prenant mesme pour vn enchanteur. Ils disoient qu'il pratiquoit souuent auec le Diable, & qu'il y auoit par trop de commerce entre luy & ce mal'heureux esprit : mais ce n'est pas merueille si les hommes passionnez, considerans les actions d'vn seruiteur de Iesus - Christ qu'ils deuoient admirer, eurent ce sentiment de sa personne, puis que ceux qui estoient portez d'enuie contre son maistre, le publioient par tout pour vn endiablé, & qu'il n'arriue que trop souuent que les tiedes esteignent les ardeurs des plus feruens, & refroidissent les plus échaufez, blasmans ce qu'ils ne veulent pas imiter, & mettans au rabais les choses les plus releuées, pour rehausser leurs bassesses & leurs infamies, & pour empescher que leurs vices ne soient condamnez.

Il se trouua vn homme, qui soit qu'il fût porté d'vn bon zele ou autrement, disoit par tout que ce qui se racõtoit du Pere Marcel en ce rencontre, estoit ou vn esgarement d'esprit, ou vne feinte, plus propre à espouuanter les enfans qu'à estre creuë des personnes pruden-tes & bien sensées : cela fut cause qu'v-ne nuict entre autres qu'on craignoit que Satan ne troublast ceux qui de-uoient faire la discipline, il se mit aux aguets pour obseruer diligemment d'où viendroit l'alarme, luy estant aduis qu'il seroit grandement satisfait, s'il pouuoit decouurir la tromperie, & auoir de-quoy se railler deuant ceux mesmes qu'il sçauoit les meilleurs amis du Pe-re, & les plus attachez à ses interets: mais il fut détrompé à ses despens ; car vne si épouuentable crainte le saisit, qu'on peut dire qu'il n'eût pas moins de frayeur de ce qu'il vit pour lors, que de desplaisir du depuis d'auoir eu si peu de creance au seruiteur de Dieu, & d'a-uoir conçeu vne si basse opinion de sa saincteté. Ie veux croire que Dieu luy aura pardonné sa faute ; car il dit à Goa qu'il estoit prest de iurer par tout s'il estoit besoin, que le Pere Marcel auoit vn tel empire sur les Demons, qu'il les chassoit non seulement des ames de ceux qui suiuoient sa conduite, mais des élemens mesmes, & qu'il les bannissoit de tous les lieux où son zele & sa pieté se faisoient voir.

Nostre Seigneur montra en plusieurs autres occasions durant ces onze iours, quel estoit le pouuoir de sainct François Xauier, & combien il prenoit plaisir à faire, que Marcel cooperast en terre, à ce que le Sainct faisoit dans le Ciel. En voicy vne qui n'est pas des moins considerables. Le quinziesme du mesme mois d'Octobre, qui estoit le septiesme de la celebrité du Sainct, vn enfant âgé de huict à neuf ans, tomba dans la mer; & d'autant que le vaisseau alloit grand erre, & que le pauure petit estoit trop foible pour forcer la lame, il mit toute son esperance en S. Xauier, sans auoir autre chose en la pensée que de l'inuoquer. Le Sainct exauça son innocente priere, & luy presta la main si à point,

que soit qu'il arrestat le cours du Nauire, soit qu'il fist auancer l'enfant, quoy
qu'il en soit, il le mit en lieu d'où il pût
sortir de l'eau, porté sur vn baril, que
le P. Marcel luy auoit ietté, ne disant
autre chose que ces seules paroles, *C'a
esté sainct Xauier, ç'a esté sainct Xauier.* Et
desłors qu'il eut gagné le bord, il courut, tout moüillé qu'il estoit, à la Chapelle, où s'estant prosterné deuant l'I-
mage, il dit fondant en larmes, & les ti-
rant des yeux d'vn chacun, *Grand sainct
François, vous auez eu pitié de moy, ie vous
suis redeuable de la vie, & ie ne tiens ce
bien de pas on autre que de vous seul.*

---

*Le P. Marcel arriue à Goa.*

## CHAPITRE XIV.

L E dix-neufiesme d'Octobre, la
solemnité acheuée, le vent que
nous auons dit auoir esté si bon,
pour marque qu'il ne s'estoit leué qu'en
faueur des penitences, des larmes, &
des grands actes de vertu qu'on pratiqua durant cette celebrité, venant à

manquer tout à coup, aprés auoir porté les vaisseaux, depuis la ligne iusques à huict degrez d'éleuation du costé du Nort, causa bien de l'affliction à vn chacun, veu principalement qu'il n'en restoit pas deux à esleuer pour estre à la hauteur de Cochin, port tres-asseuré.

Cela donna bien dequoy à penser à tout le monde, & les Pilotes ne sçauoient bonnement que faire, iusques à ce que le vingt-troisiesme, les vents d'Est entierement contraires à leur route venans à souffler, les firent resoudre de relascher à Zocotore, Isle esloignée de plus de trois cens lieuës, & par vn chemin peu connu, & suiet aux fascheuses & malignes chaleurs de la coste d'Arabie, où il leur failloit soustenir les grandes marées du destroit de la Mecque, & employer vingt iours au moins en cette nauigation, n'ayans pourtant de l'eau que pour huict, encore bien petitement, à raison d'vne chopine ou enuiron chaque iour par teste.

Les maladies estoient contagieuses sans esperance d'en pouuoir arrester le cours; mais au contraire dans vn estat

auquel on ne pouuoit attendre autre
chole, sinon qu'elles iroient croiffant
de iour à autre à caufe de l'air peftilent
de la contrée, & des grandes incommoditez d'vne fi longue nauigation. Le
Pere Marcel fut l'vnique remede à tant
de maux, lequel pour obtenir vn vent
fauorable, fit vne proceffion d'vne troupe de petits enfans dans l'innocence,
qui faifans la difcipline tous enfemble
le fuiuoient iufques à vn Autel où il
auoit dreffé l'image miraculeufe de
fainct François Xauier, & où il auoit
mis quelques-vnes de fes reliques. Les
raifons defquelles il fe feruoit pour fle-
chir le fainct, eftoient que veu la confiance que chacun auoit en fa protection, il y alloit du fien à ce qu'ils euffent bonne iffuë des peines & des trauaux qu'ils enduroient. Qu'il iugeaft
ce qu'on pourroit dire de l'Apoftre des
Indes, du Taumaturge de l'Orient, &
du veritable Neptune de cét Ocean,
s'il abandonnoit tant de fainctes perfonnes, qui auoient pour luy vne fi
grande & fi tendre deuotion : qu'il
écoutaft les fupplications & les hum-

bles prieres de ces enfans qui pourroient estre vn iour les Ministres de ses
merueilles & les trompettes de ses grandeurs, & qui pour le present demandoient sa faueur par l'effusion de leur
sang. Le reste des raisons qu'il apporta
furent tellement interrompuës par les
larmes & par les sanglots de ces petites
ames, & par celles des assistans, que veu
qu'il se faisoit desia tard, force luy fut
pour aller iusques au lieu qu'il auoit de-
signé de les congedier, & de leur donner sa benediction, auec laquelle il les
renuoya. Le iour suiuant le vent se
trouua bon dés le matin qui fut tenu
pour vn miracle accordé à la simplici-
té de ces innocens.

Les deux vaisseaux fauorisez d'vn si
bon vent, & d'vne pluye miraculeuse
que le Ciel leur donna pour suruenir à
la grande disette qu'ils auoient d'eau,
se trouuerent le huictiesme iour de No-
uembre à dix degrez d'esleuation. Le
quatorziesme ils eurent connoissance
de la coste de l'Inde, & entrerent le vingt
deuxiesme au Port de Cochin. Le Pere
Marcel ne voulut point mettre pied à

terre iufques à ce que le Prouincial du
lieu luy eût fignifié qu'il le trouuoit
bon ; ce qu'il fit, adiouftant qu'il obli-
geroit tous les Peres de leur donner au
moins vn iour, pour fe confoler les vns
auec les autres. Si toft qu'il fe fut rendu à la maifon, le Pere Superieur fit
prendre des Soutanes neufues à tous fes
hoftes, excepté au Pere Marcel, qui
demeurant ferme en fa faincte refolution, de rechercher le pire en toutes
chofes, ne voulut point faire échange
de la fienne en vne meilleure, & re-
monta dans le vaiffeau tout de mefme
qu'il eftoit venu.

Les nouuelles de l'arriuée des Nauires furent portées à Goa le fecond iour
de Decembre, auquel on celebre la
fefte de fainct Xauier, felon que l'auoit
predit vn tres-vertueux perfonnage,
lequel, quoy que quelques mois fe fuf-
fent defia écoulez depuis le temps qu'on
a couftume de les attendre de Portugal,
ne laiffa pas d'affeurer conftamment
que le fainct les conduiroit à Goa la
mefme année, & qu'il vouloit qu'on le
lapidaft par les ruës, fi le iour de fa fefte
se

se paſſoit, ſans qu'on eût aſſeurance de leur entrée aux Indes.

Ils ſeiournerent à Cochin, autant de temps qu'il eſtoit neceſſaire pour donner du ſoulagement à quelques malades ; & pourſuiuans leur chemin entrerent par la barre de Goa le huictieſme de Decembre de l'année 1635. ſur les quatre heures du ſoir, iour de l'immaculée Conception de noſtre Dame, & la veille de l'Octaue de l'Apoſtre des Indes leur Protecteur. Le Pere y arriua auec ſes trente-deux compagnõs, choſe à la verité miraculeuſe : car qui eut creu qu'ils euſſent fait vne ſi longue trauerſée, & remplie de tant de faſcheux & diuers accidens, ſans que pas vn d'entre-eux y fut demeuré, veu que quand elle n'eſt pas ſi rude & ſi penible, il ne laiſſe pas de mourir touſiours grand nombre de paſſagers. A vray dire noſtre Seigneur leur fit cette grace, pour payer par auance les merites de leurs feruertures, & les grandes & heroïques actions qu'ils alloient faire dans leur Miſſion.

G

*La reception du Pere Marcel à Goa, & ce qu'il y fit.*

## CHAPITRE XV.

IL n'est pas necessaire, voire mesme il n'est pas possible, d'exprimer de paroles la ioye & les grands tesmoignages d'affection auec lesquels les Peres de Goa receurent le Pere Marcel, mais il auoit son cœur tellement attaché à d'autres objets, que le contentement qu'il ressentoit interieurement, ne luy permettoit pas de se ressouuenir, non seulement des trauaux passez, mais mesme de gouster les consolations & les plaisirs qui luy estoient presens à l'exterieur. D'où vint que dans la lettre qu'il escriuit à la Reine, parlant de la charité dont ces bons Peres vserent en son endroit, quand ils allerent au deuant de luy, le iour que les vaisseaux ietterent l'anchre, luy faisans offre des rafraischissemens que ceux qui arriuent au port acceptent d'ordinaire bien volontiers, il dit : *Ce qui m'aggrea le plus, fut*

l'asseurance qu'on me donna de deuoir passer au Iapon, tout au plus tard, dans le mois
d'Auril, de l'année suiuante. Et ie confesse
à Vostre Maiesté, que rien ne m'eut si pleinement satisfait, que de trouuer dés le mesme iour quelque meschant vaisseau, tout
prest de faire voile en ce Royaume, car ie ne
me fusse point arresté, qu'autant de temps
qu'il en eut fallu pour visiter le Sepulchre
de mon Sainct ; aprés quoy ie me fusse embarqué aussi-tost, sans me soucier des trauaux
que i'auois endurez : mais ce qui me console,
est de voir que mon depart approche, & que
i'iray bien-tost chercher mon cœur, qui a pris
le deuant depuis tant d'années. Et racon-
tant eu suite la bonne reception qu'on
luy fit au College, il adiouste : On m'a si
bien receu, que ie n'ay point assez de paroles
pour le declarer ; seulement puis-ie dire,
qu'vn des iours de ceux que i'y seiournay
estoit capable de me faire oublier toutes
les peines d'vne si rude & si fascheuse
nauigation. Mais aprés tout, ie ne sçaurois
m'empescher de verser des larmes de ioye,
quand ie viens à considerer la façon dont
ie seray receu au Iapon, & combien pour
lors, combien pour lors ma liesse sera gran-

*de , & mon contentement inexplicable.*

Par telles & femblables confidera-
tions le Pere Marcel alloit adouciſſant
dans Goa , non les ſatigues de ſa nauigation paſſée , mais les peines qu'il re-
ſentoit du delay de celle aprés laquelle
il ſouſpiroit tous les iours , qui eſtoit
comme il eſperoit pour luy fournir matiere de plus grands trauaux. Et ſi ſon
entrée aux Indes fut regalée par les demonſtrations d'amour & de reuerence
que les hommes luy firent , ſi grandes
qu'il confeſſe ne les pouuoir aſſez bien
expliquer ; elle ne le fut pas moins par
celles que luy teſmoigna le Ciel. Voicy
ce qu'il en dit. *Quelques-uns ſe perſua-*
*derent que les Nauires eſtant une fois ar-*
*riuez Dieu mettoit fin aux merueilles qu'il*
*auoit operées en leur faueur ; mais ils firent*
*bien voir le peu d'experience qu'ils auoient de*
*l'immenſité de ſes miſericordes, la porte deſ-*
*quelles ne ſe ferme pas ſi aiſement quand*
*pour gratifier ſes ſeruiteurs, il en baille les*
*clefs à l'Apoſtre de l'Orient ſainct Fran-*
*çois Xauier. De là vint que voulant donner*
*quelque connoiſſance de la feſte qui ſe cele-*
*broit au Ciel, pour l'arriuée de tant de braues*

& excellens ouuriers, il fit de nouueaux prodiges sur la terre, comme il en auoit fait auparauant sur la mer. Le premier arriua à
Meliapor dans l'hermitage du Mont, où sainct
Thomas Apostre mourut. La Croix de pierre
brune que ce grand sainct y auoit plantée
luy mesme, & qui auoit coustume auant
que les Hollandois passassent aux Indes de
suer tous les ans le iour de sa feste, le fit
si abondamment durant vingt-quatre heures,
dix iours aprés nostre arriuée, que grand
nombre de draps & autres linges ne furent
pas bastans pour recueillir cette miraculeuse
liqueur. Et le Pere Prouincial de la Compagnie en la Prouince de Cochin, écriuant à
celuy de Goa fait cette remarque, que la sueur
ne commença pas par en haut, ce que l'experience a fait voir estre vn signe asseuré de
quelque mes-auenture; mais par le bas qui
est vn pronostique de bon-heur. Il plaira à
Dieu que ce soit pour chasser hors des Indes
les ennemis de la Foy, & pour nous ouurir
vn chemin plus libre au Iapon. Ie dis l'an
passé au Roy & à vostre Majesté, que l'habit de Pelerin sous lequel le glorieux sainct
François Xauier m'apparut à Naples, pour
appeller des Ouuriers aux Indes, me sem-

G iij.

bloit estre un signe qu'il se declaroit protecteur des Royaumes d'Orient, comme sainct
Iacques Apostre & Pelerin se l'estoit declaré de ceux d'Occident, & nous auons desia
des marques assez claires & assez euiden-
tes de cela, voyans que sainct Thomas, auquel il estoit si affectionné, a esté publié de
sa part Apostre de ces quarties-là.

Le second prodige arriua peu de temps
aprés dans deux Eglises de Goa, où deux
Crucifix ouurirent les yeux à diuerses fois
durant deux iours auec indicible deuotion de
toute la ville : comme si Iesus-Christ les
eût voulu ietter sur les nouueaux Predicateurs de son sainct Euangile, & nous donner courage par ce regard amoureux de nous
defaire de nos imperfections, & de suiure
pas à pas le chemin de la Croix ; ainsi qu'il
fit autrefois à sainct Pierre, qui aprés auoir
pleuré son peché mourut de la mesme mort
dont ce benin Sauueur alloit mourir pour l'ex-
pier. I'ay remarqué de plus, que les deux
Crucifix estoient tournez deuers le Iapon ; par
où il semble que Dieu veille donner à entendre que puis qu'il ouure maintenant miraculeusement les yeux du costé de cette Chre-
stienté si fort persecutée, quoy qu'il les eût

tenus fermez iusques alors, qu'il a dessein
de nous ouvrir les portes pour y entrer. Et
certes on peut coniecturer probablement, soit
par le soin que sainct François Xauier a eu
de secourir ces contrées par le moyen des Mis-
sions Apostoliques, soit par les caresses que
Dieu fit l'an passé aux vingt-quatre de la
Compagnie qui donnerent leur vie si gene-
reusement pour la defence de la Religion,
que nous touchons du bout du doigt à ce bon-
heur, & que le temps s'approche, auquel on
verra l'Euangile triompher de l'Idolatrie
dans le Iapon.

Le Frere Nicolas Ticunanga fut le premier
d'entre eux, sur lequel ces Infideles exerce-
rent vn nouueau genre de martyre tres-cruel.
Ils le pendirent par les pieds à vn gibet, &
luy ayans lié les mains par derriere, ils l'en-
foncerent iusques aux genoüils dans vne profonde fosse, qui estant recouuerte auec des aix
luy seruit de sepulchre auant sa mort. Ils le
laisserent en cét estat, sans boire ny manger,
l'espace de quatre iours, en suitte desquels les
bourreaux le trouuans aussi sain que iamais,
luy demanderent comment il auoit peu sur-
uiure à tant de peines; ausquels il respondit,
que nostre Dame l'auoit assisté, & qu'entre

G iiij

autres rafraischissemens, elle luy auoit donné à boire vne liqueur celeste. Qu'au reste
pour ce qui regardoit sa personne, il n'auoit
autre mal que le seul déplaisir de ne pas voir
tout le Iapon conuerty à la foy. En confirmation de cela, ils trouuerent au fonds du puits
vn vase d'eau, & virent de fois à autres le
Sainct Martyr, les mains libres & déliées,
afsis sur le bord. Enfin aprés auoir ainsi
souffert l'espace de quelques iours, il alla
iouyr des plaisirs qui estoient reseruez à ses
merites.

Deux autres de ce bien-heureux nombre,
aprés auoir esprouué le mesme supplice durant
neuf iours, eurent la consolation de mourir en
mesme temps, comme ils l'auoient predit aux
bourreaux: & quand on accoupla leurs corps
pour estre bruslez à l'accoustumée, ils s'en-
tre-parlerent, & s'entre-saluerent l'vn l'autre, ne plus ne moins que s'ils eussent esté encore viuans, se faisans des congratulations
reciproques de leur bon-heur, non sans vn
grand estonnement de ceux qui s'y trouuerent
presens. Que si la ioye & le contentement de
mourir-pour IESVS-CHRIST, Madame, se
fait mesme sentir aux cadaures, qui ne desi-
rera mille vies pour les employer toutes en

vne occasion dont le gain est si aduantageux?
Cette esperance me donne courage, ie me re-
pais auec plaisir de ces desirs, & ie demande
cette grace tous les iours à mon Sainct, le sepulchre duquel n'a pas esté peu honnoré de
la riche couuerture que Vostre Maiesté m'a
enuoyée pour luy offrir. Nostre Pere Prouincial la supplie d'aggréer pour marque de
sa reconnoissance, le manteau où le corps du
mesme Sainct a esté autre-fois enueloppé.

Durant le seiour du Pere Marcel à
Goa, il luy fut accordé par vn Priuilege tout particulier, deu toutefois à la
haute opinion qu'on auoit de sa saincteté, de faire ouuerture du Sepulchre de
sainct François Xauier dans la maison
Professe de la mesme ville, & d'emporter quelques-vnes de ses reliques, qu'il
honora auec tous les respects imaginables, iugeant qu'elles luy tiendroient
lieu de fortes & puissantes armes pour
entrer au champ de bataille auec les
armées infernales de l'Orient, sous l'é-
tendart de l'Image miraculeuse de son
bon sainct. Il eût laissé bien volontiers
son cœur en gage dans ce tombeau,
pour les richesses inestimables qu'il en

remportoit , s'il n'eût bien fceu qu'il
luy faifoit befoin pour vaincre les tourmens qui l'attendoient dans le Iapon :
fi bien que ne pouuant faire autre chofe , il fe contenta d'y laiffer vne promeffe en forme de vœu, fignée de fon
fang , tiré de la partie la plus proche de
ce grand cœur , laquelle il emporta gra-
uée bien auant dans fon ame. I'ay veu,
& manié l'Original ; & i'ay eu le bon-
heur , parce qu'il l'auoit cachetée des
deux coftez, auant que de la configner
entre les mains de ce Sainct corps, d'a-
uoir vn des deux feaux pour mon partage : mais le Pere Aluaro Semedo
Procureur de la Chine , paffant depuis
à Goa, m'obligea de luy en faire prefent , pour luy feruir de fauue-garde en
fon voyage , & pour faire part à l'Europe d'vne fi precieufe relique , n'en
ayant apporté aucune venant des quartiers les plus reculez de tout l'Orient.
Cette promeffe eft efcrite en Italien ,
dont voicy la traduction de mot à mot.
L'Infcription en eftoit telle.

*A l'Apoſtre des Indes eſcrit &*
*iurement perpetuel de*

## M. F. M.

MOn ſainct Pelerin, mon cher Perc, mon
bon Maiſtre & aprés Dieu, tout mon
bien, i'ay quitté ma cheye patrie, & tout
le monde pour venir honorer vos ſainctes reliques. Ie vous laiſſe mon cœur pour gages,
& ie parts pour ſuiure vos piſtes dans le
Iapon. Ie me conſacre tout entier à vous
en holocauſte, pour fils, pour ſeruiteur, &
pour eſclaue. Ie vous laiſſe cette ſignature
eſcrite de mon ſang, pour aſſeurance de mon
affection, & pour vne promeſſe eternelle que
vous pourrez produire, & me repreſenter au
Iugement, par laquelle ie m'oblige irreuoca-
blement de garder, & imiter autant qu'il
eſt en moy voſtre ſaincte vie in omnibus &
per omnia : ainſi le iurés-je. Vne ſeule choſe
vous demandés-je, que vous m'aſſiſtiez de
voſtre faueur, ſi tant eſt que ie ſois ſi heureux de finir ma vie par la meſme mort que
vous auez tant deſirée autrefois dans le Iapon. Mon cher & bien aymé Pere, retenez
mon cœur auec vous, & m'aſſiſtez en tout.

G vj

*Fait en la maison Professe de Goa, sur les neuf heures du soir le onziesme de Mars 1636. Adieu mon cher & bien aimé Pere. Ie vous laisse à vous pour l'amour de vous.*

MARCEL.

Cette signature est escrite de son sang.

Le Seruiteur de Dieu ayant trouué la Chasse d'Argent, dans laquelle estoit le sainct Corps trop estroite à sa fantaisie, donna ordre qu'on l'adiustast & qu'on l'embellist. Sur ces entrefaites le General Antoine Tellez de Silua son bon amy, se sentit atteint d'vne maladie si griefue & si dangereuse, qu'il creut estre obligé de mettre ordre tout de bon à sa conscience, & à ses affaires temporelles ; & combien que le Pere Marcel s'employast auec beaucoup d'affection, & d'application d'esprit, à ce qui concernoit le bon estat de son ame, si ne vouloit-il point entendre au grand desir qu'il tesmoignoit de faire testament, encore que ce soin soit vn de ceux qui tiennent rang parmy les principaux, & les plus necessaires pour la bonne disposition d'vne personne qui s'en va mourir : il s'y accorda toutefois, voyant que le malade tesmoignoit ressentir plus de peine de ce refus, que de tout autre chose, & luy seruit de Secretaire en ce rencontre. Entre autres articles que le testateur declara vouloir estre couchez dans cét acte de sa derniere volonté, fut celuy de deux mille escus, qu'il laissoit pour estre employez à refaire la Chasse de sainct Xauier; mais le Pere dissimulant n'escriuit rien. Cependant le testament se ferme, auec toutes les clauses & toutes les formalitez requises; & la maladie va croissant de iour en iour; & passe si auant, qu'Antoine perd enfin le iugement: mais ayant tousiours son legs en teste, il confirma en resuant, l'intention qu'il auoit euë en son bon sens, & condamna le Pere, d'auoir tant resisté à consentir à son testament: il recouura pourtant bien tost la santé, dont le Seruiteur de Dieu auoit eu asseurance, dans ses entretiens auec nostre Seigneur, lequel il consultoit en toutes choses; si bien que le voyant en conualescence, il luy remit son testament entre les mains. Antoine l'ayant receu de luy, le voulut lire plus à loisir,

& trouua que le Pere y auoit couché
fort fidellement tout ce qu'il luy auoit
dicté, excepté seulement les deux mille
escus pour la Chasse de sainct Xauier,
desquels il n'auoit fait aucune mention.
La deuotion qu'il auoit au Sainct, & les
plaintes qu'il fit au Pere, donnerent suffisamment à connoistre quel fut le déplaisir qu'il en receut : mais le Seruiteur
de Dieu luy respondit, que quoy que sa
volonté eut esté loüable, il ne l'auoit
pas toute-fois trouuée à propos, d'autant que cette assignation escrite de sa
main, l'eut peu faire passer dans la crea-
ce des personnes moins deuotes au
Sainct, pour interessé, & que les Saincts
d'autre-part, demandent des deuoirs &
des seruices qui soient entierement
exempts des interests particuliers, & dignes de la pauureté d'esprit qu'on doit
auoir pour les honorer. Cette admirable & singuliere retenuë du P. Marcel
ne put qu'elle n'obligeast ce Cauallier à
n'estre pas moins liberal durant sa vie,
qu'il l'auoit voulu estre aprés sa mort, si
bien qu'au lieu de deux mille escus, il
en donna trois, qui seruirent à accroi-

stre la Chasse de quatre pieds & demy.

Durant tout le temps que le Pere se-
iourna à Goa, chacun vouloit se confesser à luy, tant sa vertu estoit en grande veneration parmy ce peuple ; de sorte qu'il est presque incroyable , combien il prit de peine à contenter tout le
monde en ce point. Il estoit contrainct
de s'employer à ce sainct exercice dés
le grand matin, & de ne l'interrompre
que bien tard. Rien ne luy donnoit de
la peine dans ce trauail que de trouuer
commodité de celebrer la Messe au Sepulchre du Sainct , ce qu'il tascha de
faire tous les iours , non sans y apporter
beaucoup de soin , à cause du grand
nombre de Prestres qui y abordoient
de toutes parts , & qu'il estoit continuellement occupé à contenter ses Penitens.

Il fonda à Goa vne Congregation
sous le nom de sainct Xauier , composée des personnes les plus qualifiées de
la ville , qui venoient tous les Samedys
à la Messe qui se disoit en son honneur,
portant chacun vn Cierge en main : &
on peut dire que ce fut luy qui donna

commencement tout le beau premier
à la grande solemnité qui se fait tous les
ans au iour de son heureux trespas.

On auoit vne telle opinion de la saincteté du Pere Marcel en tous ces quartiers, que les Peres de Goa le menans
à Salsete auant qu'il partist pour le Iapon, on vint en Procession au deuant
de luy, & il n'y eut personne qui ne tâ-
chast d'auoir quelques lambeaux de ses
habits ; mais leurs efforts estans demeu-
rez vains, cette estime ne seruit que de
mortification à sa retenuë, & l'honneur
des Processions de tourment à son humilité.

---

*Le Pere Marcel allant à Macao*
*touche à Manile.*

## CHAP. XVI.

LE temps estant arriué qu'il falloit partir de Goa pour Macao,
& de là au Iapon, le Seruiteur
de Dieu s'embarqua le neufuiesme d'A-
vril de l'année 1636. auec les Peres
Baltazar Citadela, Antoine Capeche,

& François Cascola Italiens, dans la
Galiote de Dominique de Camera &
Norogna Capitaine, General & Gouuerneur de Macao, qui fit voile en compagnie de certains vaisseaux, dans lesquels estoient distribuez douze autres
Peres enuoyez pour passer en cette celebre ville Seminaire de toutes les Mis-
sions du Royaume de la Chine, de
Cambaye, Tunquin, Cochinchine &
Iapon. C'estoit auec de grands desirs
du Martyre qu'il entreprenoit ce voyage, dont il auoit conçeu de nouuelles ardeurs dans Goa au Sepulchre de
sainct Xauier. Cela se void clairement
par les lettres qu'il escriuit auant son
depart, dans l'vne desquelles addressée
au Pere Nugno de Acugna, en datte du
vingtiesme de Feburier 1636. il parle
ainsi. *Que demande vostre Reuerence d'vn
pauure pecheur banny d'Europe pour ses me-
faits, enuoyé aux derniers confins de la terre, & aux coins les plus reculez du monde,
pour allumer dans son cœur quelque estin-
celle du grand feu, dont tant de glorieux
Martyrs ont esté enflammez, & pour apprendre à seruir Dieu des Iaponois mesmes.*

Voila la verité du fait. Que si aprés cela il plaist à Dieu de respandre ses graces sur celuy qui ne les merite pas, & de luy faire part de ses dons, ce sont des effets de son infinie misericorde : d'où ie conclus que si mon glorieux Pere & Protecteur sainct François Xauier, s'est voulu seruir d'vn homme comme moy, qui n'est bon à rien, ce n'a esté que pour rendre ces œuures plus esclatantes, & pour faire que ces merueilles fussent mieux reconnuës pour siennes. Cela presupposé, ie prie vostre Reuerence, par le grand desir qu'elle a de plaire au Sainct, de vouloir mettre le sceau aux insignes faueurs dont il m'a honnoré estant à Lisbonne, ce qu'elle fera, si elle m'obtient de Dieu vne parfaite connoissance de mon estat, de mes deuoirs, & de mon impuissance à bien faire ; afin que me connoissant comme il faut, ie puisse au moins trouuer remede à mes manquemens, & demander misericorde en mes besoins. O que nous seruons vn bon Maistre, mon Reuerend Pere ! puis que nonobstant la verité de ce que i'ay dit, il ne laisse pas de me donner de nouuelles ardeurs, des desirs plus bouillans, des pensées plus embrasées, & des soins plus attentifs pour son seruice. Enfin ie ne sçay

bonnement où i'en suis, car le sepulchre de
mon Sainct retient mon cœur, & le Iapon
l'enleue de haute lutte. Il n'est point de tourmens dans l'estenduë de ces grands Royaumes, dans lesquels il ne se iette comme à
corps perdu; point de bourreaux, ausquels il
n'offre librement sa vie; point de cimeterres,
sous lesquels il ne tende volontiers le cols
point de chaisnes, de grils, de prisons, de
supplices, & pour dire en vn mot, point de
souffrances qui luy suffisent : si bien que mon
corps estant à Goa, mon cœur est diuisé en mille endroits. Nous partirons, s'il plaist à Dieu,
le mois d'Auril, où nous allons entrer, pour
Macao, & i'espere qu'assisté de mon Sainct,
ie le seruiray au Iapon l'année prochaine.

En voicy vne qu'il escrit au Capitaine General Antoine Tellez de Silua.
Gratia & pax, Iesus, Maria, Franciscus.
Seigneur Antoine Tellez, le cher fils de mon
ame, le compagnon de mon voyage, & l'a-
my de mon cœur, Dieu me commande de vous
abandonner ; Sainct François Xauier m'appelle au Iapon ; que puis-ie faire sinon d'obeyr,
& ce d'autant plus volontiers, que ie m'en
vays faire vn sacrifice d'importance, où ie
seray laué dans mon propre sang, & où ie

prescheray par mes playes, supposé qu'on ne
me donne pas le loisir, ny la liberté de le faire par mes paroles. Ie vous emporte au fonds
de mon cœur; ie vous iray seruir à Lisbone,
& vous prendrez part à mes contentements.
Ie vous accompagneray chez vous parmy vos
parens, & vous demeurerez auec moy dans
les prisons parmy les Bourreaux. Vous me
suiurez par tout le iour de mon triomphe;
vous serez le premier qui iouyrez de mes
consolations, & qui aurez la meilleure part
au sang espandu, que ie vous offre dés à
present. Aggrées cette reconnoissance du plus
fidelle de vos seruiteurs, & qui vous est le
plus obligé. Souuenez vous du pauure Marcel que vous auez tant chery & tant fa-
uorisé durant vostre plus grande fortune.
Quand vous aurez nouuelle de sa mort &
des tourmens qu'il aura endurez, dites s'il
vous plaist, vn Aue Maria, en l'honneur de
sainct François Xauier, pour le remercier de
la faueur dont il l'aura gratifié: Ie feray en
sorte que vous en soyez auerty auant tout
autre & que vous en sçachiez les particularitez, qu'il n'est pas encore temps de vous
declarer. Quoy qu'il en soit, ie vous donne
parole que ie seray tousiours tel que ie dois

tre en voftre endroit, & que i'accompli-
ray là haut au Ciel, ce que ie n'ay pû icy
bas en terre, où que ce foit que i'aille, don-
nez moy connoiffance de vos defirs, & c'eft
affez : prenez part cependant au peu que ie
feray durant ma vie pour le feruice de Dieu
& de mon bien aymé Protecteur, que ie prie
vous vouloir vifiter en habit blanc, la Croix
fur la poictrine, le Cierge en vne main, le
Bourdon en l'autre, & accompagné à l'accouftumée. Que ce Glorieux fainct vous affifte,
qu'il vous vifite, qu'il vous protege, &
qu'il conduife vos affaires durant toute voftre vie. Suppliez-le que mes pechez ne l'em-
pefchent pas d'adioufter tous les tourmens,
uy tous les tourmens poffibles aux cinq ans
que i'ay endurez de peines, & de bleffeures à
la tefte & aux iambes, affin que ie iouyffe
en fuitte du veritable bien fi tant eft qu'il y
ayt quelque chofe dequoy iouyr par deffus ce
qu'il me fait goufter pour le prefent. Bon
Dieu quelles fottifes vous entretiens-ie ! Ta-
ce tecum vfque dum nos reuifemus. Vale
milhies, vale & falue. Ie m'en vays bien
ioyeux, d'autant que vous & vos affaires
aurez fort bonne iffuë. De Goa le 16. de
Mars 1636.

Il en escriuit encore vne autre à Dom
Thomas Maſtrilli ſon couſin, couchée
en ces termes: *Ieſus, Maria, Franciſcus,
Gratia & pax Chriſti. Monſieur, Ie vous eſ-
cris de Goa, le iour que nous faiſons la fſte
de ſainct Thomas d'Aquin, aprés eſtre eſ-
chappez d'vne longue & perilleuſe nauigation de huict mois: mais quoy, eſt-ce trop d'a-
uoir entrepris de bon gré tous les trauaux de
ce chemin, pour venir viſiter le tombeau de
mon grand Pere & Protecteur ſainct François Xauier? Ce glorieux Sepulchre ne reſpire
que ſainicteté & deuotion; il fait couler des
ruiſſeaux de douceurs toutes diuines; & il
contient des mines de conſolations Celeſtes,
tres-riches & tres-precieuſes. Veni & vide.
Ie partiray, Dieu aydant ce prochain mois
d'Auril pour la Chine, en compagnie de
douze de nos Peres Italiens, auec ſix deſquels ie tireray droict au Iapon, où i'eſpere
me voir, mort ou vif, l'année ſuiuante. Ie
vous puis aſſeurer en verité, que ie n'ay
point d'autre conſolation en cette vie, &
que la plus ſolide, & la plus grande de
mes ioyes, eſt celle-là, que s'il m'eſtoit poſſible de vous en ennoyer vn eſchantillon dans
vne boëſte, il vous feroit perdre le ſouuenir*

de Naples, les esperances de la Cour, & les desseins pour l'aduenir, & donneroit des ailes à vos desirs pour m'y venir trouuer. Si vous venez ie vous attens sur vne Croix ou sur vn buscher. Mais helas où m'emporte ma plume, ou pour mieux dire mon affection. Souuenez vous de vostre seruiteur en vos saincts sacrifices, ausquels ie me recommande de tout mon cœur. Si vous voyez le Seigneur Dom Mario Mastrilli, faictes luy mille affectueuses recommendations de ma part. A Goa ce 7. Mars 1636.

Nostre Seigneur s'accommodant aux ferueurs du Pere Marcel, empescha le voyage de Macao, d'où, soit pour les grandes difficultez qui s'y rencontroient, soit pour ce qu'il estoit Religieux il luy eust esté impossible d'entrer au Iapon, ou du moins qu'aprés vn long-temps, à cause que les Marchans Portugais n'y menoient que des personnes mariées : outre que le Gouuerneur de Macao auoit ordre du Viceroy de l'Inde de le retenir; ce qui fut vn effet particulier de la prouidence de Dieu qui le vouloit conduire à Manile, & comme nous dirons, faciliter par ce moyen fon entrée au Iapon.

Comme le Pere eſtoit à Malaca arriua le combat de Francifco Cotino
Cabaco Capitaine General de la place, auec les Hollandois, fur lefquels
fi bien nous emportafmes la victoire,
ce ne fut pas pourtant fans grande perte de noſtre coſté, le General & plufieurs autres braues foldats y eſtans de-
meurez aprés auoir vendu leur vie bien
cherement, & l'hofpital s'eſtant remply des blefſez. Ce fut en ce rencontre que le Pere Marcel fit paroiſtre fon
zele, & qu'il donna vn merueilleux
exemple de charité enuers les pauures
& les malades à l'imitation de fainct
François Xauier : Il ne manquoit à aucun dans le danger ; & pas vn ne le
trouuoit à dire quand il auoit befoin de
confolation. Pour voir combien il s'y
portoit courageufement, il fuffit de fçauoir qu'vn foldat ayant eſté bleſſé fi
horriblement à la cuiſſe & à la jambe,
que perfonne n'ofoit prefque plus ap-
procher de luy pour le penfer tant il
eſtoit infect & puant, il l'affifta toutefois fi foigneufement qu'il le tenoit entre fes

tre ſes bras quand il luy falloit appliquer quelque appareil iuſques à en-
tomber en paſmoiſon, ce qui luy arriua
par deux fois. L'experience de cette
foibleſſe naturelle eût pû, quand bien
il eût perdu courage, excuſer le defaut
de ſon aſſiſtance ſans crainte de blaſme,
mais la ferueur de l'eſprit dont il eſtoit
pouſſé luy fit tenir bon, & perſeuerer
conſtamment dans cette genereuſe reſolution, ſans que pour tout cela il ſe
rendit plus pareſſeux à ſecourir les autres, ny à pouruoir à leurs neceſſitez:
car il leur appreſtoit à manger, & le
mettoit luy meſme dans la bouche de
ceux qui n'auoient pas vn libre vſage
de leurs mains. Ce n'eſt pas tout, il leur
feruoit encore pour le Spirituel, en ſorte que nul ne mourut ſans confeſſion,
ny ſans l'auoir continuellement à ſon
cheuet pour l'exhorter, ou pour luy
donner aſſiſtance par ſes prieres.

Apres de ſi grands actes de charité
il fallut quitter Malaca, d'où les Nauires leuerent l'Anchre ſur la fin de Iuin,
prenant leur route vers Macao, mais
comme ils furent proche de l'Iſle de

Pulocondor, ils decouurirent trois cor-
faires Hollandois, qui donnerent occafion à la flotte du General Dominique
de Camara de fe diuifer, combien que
de tous les vaiffeaux de conferue, il n'y
eut que celuy où eftoit le Pere, & quatre de fes Compagnons qui quitta la
route de Macao pour prendre celle de
Manile. Cependant les Hollandois les
ferroient de fi prés qu'ils fe tenoient déja pour perdus ; & comme cela paffoit
vn de leurs gens vint dire au Pere qui
faifoit oraifon pour cela, qu'il n'y auoit
plus d'efperance de fe fauuer, d'autant
qu'il eftoit affeuré, ou que les Hollandois les couleroient bas, ou qu'ils abor-
deroient leur Nauire qui eftoit trop foible pour leur refifter : auquel il refpondit fi hautement que plufieurs l'entendirent, *Ayez bon courage ; ne vous met-
tez point en peine ; efperez feulement en Dieu
& en mon Sainct, car ils ne prendront ny noftre Nauire, ny pas vn des autres ; voire
mefme ils ne les endommageront aucune-
ment.* L'iffuë fit voir la verité de fes paroles ; car fans fçauoir pourquoy, fi ce
n'eftoit pour auoir expofé l'Image de

son Sainct à la veuë des ennemis, l'A-
miralle donna le signal aux deux autres Nauires, qui quittans auffi toft
les Portugais, ils les laifferēt aller en liberté comme ils eftoient à la portée dü
Canon, & fur les termes de tomber ir-
remiffiblement entre leurs mains : ce
qui fut creu de tous pour vn miracle de
l'Apoftre des Indes, qui voulut exaucer
les feruentes prieres de fon feruiteur;
en faueur defquelles il les deliura encore d'vne vaffe tres-perilleufe, la mefme
image ayant encore efté efleuée au
grand mas.

Ce peril échappé de la forte par l'af-
fiftance de fainct François Xauier, la
Galiote guidée par le mefme Sainct
quitta la route de Macao, que les autres
vaiffeaux auoient fuiuie, & prit celle
des Ifles Philippines. Ceux qui auoient
intereft au voyage ne pouuoient digerer ce deftour, iufques à ce que le Pilote pouffé d'vn fentiment interieur quoy
qu'il n'en connuft pas la caufe, & qu'il
n'euft pas affez d'experience de ces
mers, y enclina. La mefme chofe arriua au Seigneur Gouuerneur, nonobftāt

les difficultez qu'on luy propofa, tant
du defaut de viures, que d'vn Pilote qui
eut pafsé par là, refpondant à ceux qui
eftoient de contraire aduis, que l'Ange
qui luy perfuadoit d'aller à Manile, feroit leur guide. Tout cela fe faifoit par
la fecrete prouidence de Dieu, pour faciliter l'entrée du Iapon à fon Seruiteur,
laquelle eftoit prefque impoffible par
autre part. Car que veut dire, que le
General quittaft fa route? qu'il differaft
la prife de poffeffion de la charge dont il
eftoit pourueu? qu'il perdift le temps à
faire vn voyage en vne ville hors du
gouuernement? qu'il s'expofaft aux peines & aux rifques d'vne feconde nauigation? finon qu'il y auoit du furnaturel,
& vne volonté fuperieure, dont la puiffante, mais douce difpofition, preparoit
les moyens pour faire que le Pere eut
l'accompliffement de fes defirs.

Ils pourfuiuirent ainfi leur chemin,
quand Dieu pour les obliger par les
neceffitez preffantes de recourir continuellement à luy, & les forcer de fentir
fes liberalitez, permit que l'eau vint à
leur manquer; mais il y remedia auffi-

tost par vne pluye, qui leur causa tant de ioye & de confiance en cette diuine bonté, qu'ils alloient à Manile plus asseurez sur sa protection, que sur toutes les regles de leur art; sans sçauoir toutefois que cette menée se faisoit en faueur du Pere Marcel, que Dieu vouloit conduire au Iapon, pour y estre honoré de la couronne d'vn glorieux martyre, auquel il eut esté bien difficile de trouuer ouuerture par autre endroit, que par la Metropolitaine des Philippines, le passage de Macao estant entierement fermé, à l'acquisition d'vn si grand bonheur. Le Pere mesme ne voyant non plus clair dans cette affaire que les autres, & voulant preuenir les inconueniens qui en pourroient arriuer, la recommanda efficacement à nostre Seigneur, & à sainct Xauier. Il dit vne Messe pour cela, ayant mis deux billets au prealable sous le Corporal, dans l'vn desquels il y auoit, *Allez par Macao*, & dans l'autre, *Allez par Manile*. Or la Messe acheuée, celuy qui estoit pour Manile luy estant tombé le premier entre les mains, on mit aussi-tost le Cap

H iij

du confentement d'vn chacun, de ce cofté-là: mais ils n'eurent pas long-temps
nauigé de la forte, qu'ils s'apperceurent
d'vne voye d'eau fi dangereufe, que perdans délors toute efperance de fe fauuer, ils regrettoient de n'eftre pas tombez entre les mains des Hollandois,
eftimans la captiuité vn moindre mal
que d'eftre fubmergez dans l'Ocean. Le
Seruiteur de Dieu ne s'endormit pas en
ce commun danger, & ne s'oublia pas
d'auoir recours au Sainct ; ce qu'il fit,
auec tant de fuccez, que l'eau commençant auffi-toft à diminuer, ils fe virent
portez miraculeufement en onze iours,
auec vne ioye incroyable de tout le
monde, au port de Manile, où ils defem-
barquerent le trente & vniefme de Iuillet, iour auquel on fait la Fefte de fainct
Ignace, glorieux Patriarche, & Fonda-
teur de la Compagnie de IESVS.

Ce fut fur ce chemin que le Pere Marcel apprit qui eftoit le Cheuallier à la
Croix verte, qui s'eftoit apparu à luy
eftant malade à Naples, & duquel il
ne fceut pour lors autre chofe finon que
c'eftoit fon bon & intime amy : d'où

vint qu'il dit au Pere Ioseph Claro,
*Mon Pere nous trouuerons en cette ville le
Cheuallier à la Croix verte.* Et du depuis
il declara au mesme Pere & à d'autres
de ses Compagnons, que c'estoit Dom
Sebastien Hurtado de Corquera, Gouuerneur des Philippines , de l'Ordre
d'Alcantara, qui à la verité le traicta en
amy, & luy rendit, comme nous verrons, de tres-bons offices pour le Iapon.

---



## CHAP. XVII.

LE Pere Marcel ne fut pas long-
temps à Manile sans decouurir
le thresor des graces celestes
que Dieu auoit versées dans son ame,
& des rares vertus dont il l'auoit auan-
tagé ; ce qui fut cause que le Gouuerneur des Philippines Dom Sebastien
Hurtado de Corquera le retint pour aller auec luy à la conqueste de l'Isle de
Mindanao, sur laquelle il y auoit long-
temps qu'il iettoit les yeux ; & en hasta

l'entreprise, se persuadant que s'il estoit accompagné d'vn si grand personnage & si chery de Dieu, il en reuiendroit victorieux. Ce Seigneur auoit à la verité conçeu dés auparauant vne assez haute idée de sa saincteté, par les lettres du Comte de la Corçana, qui luy estoient tombées heureusement entre les mains, dans lesquelles il luy faisoit entendre les faueurs tres - particulieres qu'il auoit receuës du Ciel, & les excellentes vertus qu'il auoit exercées en reconnoissance de tant de graces : mais on peut dire qu'à la veuë de son bon exemple, & de l'edification qu'il donnoit, il passa si auant dans cette estime, qu'elle luy gagna aussi-tost le coeur, & que dés l'heure mesme, il resolut de se seruir de son authorité, & d'employer tout son pouuoir pour luy donner entrée au Iapon. Il creut aussi qu'estant secondé d'vn homme de sa sorte, il auroit tous les auantages qu'il pourroit desirer sur ses ennemis; d'autant qu'il luy estoit aduis qu'auoir auec soy le Pere Marcel, c'estoit auoir vne autre sainct François Xauier, dont les vertus luy paroissoient

naïfuement dépeintes en sa personne.
C'est pourquoy quand les autres Peres
qui estoient venus en sa compagnie,
voulurent aprés quelque temps de repos, se rembarquer pour Macao, il commanda, par ordre exprés du Prouincial,
de l'arrester. Voila ce que fit la presence
du P. Marcel auprés du Gouuerneur,
laquelle luy causa vne separation bien
sensible, d'auec ses chers & bien-aymez
Compagnons : l'esperance pourtant
qu'il auoit que demeurant à Manile, il
pourroit faciliter son entrée au Iapon,
& leur en ouurir le chemin plus com-
modement, contribua beaucoup à soulager son affliction : ioint qu'il croyoit
les reuoir encore vne seconde fois. Car
s'estant rendu au port de Cauite pour
leur dire à Dieu, l'Image du glorieux
Apostre des Indes, qui estoit sa chere
compagne & son Oracle, l'en asseura;
d'où prenant occasion de leur demander ce qu'il leur en sembloit. *Comment
vous paroist mon Image ?* leur dit-il, *A
l'accoustumée* respondirent ils, *& nous n'y
voyons rien que nous n'ayons veu les autres fois. Elle n'est pas telle que vous dites,*

H v

rechargea-il, *mais fort triste, ne le voyez
vous pas ? non* repartirent-ils, *nous n'y
remarquons rien d'extraordinaire.* Là deffus fans leur decouurir autre chofe, il
fe contenta de leur dire qu'ils fe reuerroient à Manile comme il arriua, forcez par le naufrage qu'ils firent, qui fut
ce que le Sainct luy voulut declarer par
la trifteffe qui paroiffoit fur fon vifage.

Ils fortirent du Havre de Cauite
auec vne lettre du Pere Marcel, qu'ils
auoient ordre d'ouurir fi toft qu'ils auroient mis à la voile, où fon zele & fon
ardente charité fe faifoient voir en leur
plus beau iour. Elle eftoit couchée en
ces termes. *Gratia & pax Chrifti. Mes
chers enfans, mes freres bien-aimez, les
Compagnons infeparables de mon ame, puis
que ie ne vous ay rien dit à voftre depart,
il eft bien raifonnable que ie fupplée à mon fi-
lence par trois ou quatre lignes. Vous fçauez
que Dieu nous a conduits trois ans ou peu
s'en faut, efmeu par les prieres de mon glorieux Pere fainct François Xauier, mais fi
miraculeufement, qu'on peut dire à bon droit,
Non fecit taliter omni nationi, & nous auons
fuiet de croire que noftre arriuée en ce lieu,*

& mon retardement si soudain & si inopiné, sont des effets qui procedent de la mesme cause ; qui est la seule chose qui soulage le desplaisir que ie sens de vous auoir laissez. Croyez-moy, vous emportez la moitié de mon cœur, & ie pretends demeurer ainsi separé de moy-mesmes, iusques à ce que nous nous re-uoyons ; ce qui arriuera en son temps par le moyen de celuy-mesme qui nous a diuisez à present. Aprés tout nous sommes enfans d'o-beyssance, à laquelle si i'eusse resisté dauan-tage, ie me fusse opposé ouuertement au bon plaisir de Dieu, & offensé griefuement sa Maiesté ; ce qui n'arriuera pas comme i'espe-re, car i'ay vne si grande confiance au Sainct auquel ie me suis entierement consacré, que ie ne me puis persuader qu'il permette que ie tombe iamais en ce mal'heur ; resolu de ma part de perdre plustost mille fois la vie que de me retirer de mon plein gré de la saincte obeyssance, qui est la veritable guide des Re-ligieux, & la voye la plus asseurée pour ar-riuer vn iour à la gloire, & pour ne se point fouruoyer parmy des sentiers & des chemins si fort perilleux. Allez mes Peres, allez ioyeux & contens d'auoir pour guide mon bien-heureux Sainct, & pour Compagnon mon

Pelerin. Allez, car les Anges vous con-
duiront : & au surplus ie vous donne parole de solliciter tout de bon celuy qui vous
peut donner vn puissant secours. Allez, &
sçachez que vous auez volé mon ame, &
que ie ne puis plus faire autre chose sinon de
pleurer vostre absence, & de souspirer aprés
vostre retour : car il est vray que le pauure Marcel a receu vne telle playe de la perte de ses chers Compagnons, de la desolation
des Peres de Macao, & de l'empeschement,
qui sans sçauoir pourquoy, est suruenu, qu'il
ne trouue point de consolation que dans l'asseurance qu'il a que c'est la volonté de nostre
Seigneur, à laquelle il abandonne & sa propre
personne & ses interests. Puis donc qu'il est
ainsi que les larmes ont pris la place des paroles, & qu'elles leur ont osté les moyens de
faire leur deuoir, permettez que ma plume
supplée au defaut, & que ce cœur que vous
m'auez rauy soit l'interprete de mes sentimens, & le garant de mes affections en vostre endroit. Ie vous demande tres-humblement pardon mes tres-chers Peres, de la
mauuaise edification, des fautes, des faf-
cheries, & des ennuis que ie vous ay don-
nez ; des manquemens que i'ay commis en

mon gouuernement, & du mauuais vsage
que i'ay fait de mon pouuoir en cette charge ; vous faisant toutefois vne authentique
protestation, que si bien ce sont des effets de
mon mauuais naturel, & de mes passions
mal mortifiées, comme ie l'auouë franche-
ment, rien de cela au moins n'est arriué par
aucune mauuaise volonté que i'aye euë ; car
grace à Dieu & à mon Sainct, ie n'en ay
iamais ressenty contre personne. Ie confesse
que i'ay failly beaucoup de fois, prenant possible des moyens ou trop rudes, ou trop rigoureux pour vous conduire, mais que ie ne
me suis point trompé au fonds, n'ayant iamais iecté les yeux sur vous que comme sur
mes enfans bien aimez, & sur des ministres
choisis de mon glorieux Sainct, pour procu-
rer la plus grande gloire de Dieu, qui est
l'vnique fin de nostre saincte Compagnie, le
but où elle vise, & le point où elle rapporte
tout ce qu'elle fait en particulier & en general. I'espere tant de vostre bonté, que vous
ne me refuserez pas le pardon du passé, &
que la charité qui vous anime sera bien si
grande que vous me l'obtiendrez de nostre
Seigneur par vos saincts sacrifices & oraisons, auec des forces raisonnables pour m'a-

mender ; me promettant par sa diuine misericorde que lors qu'il nous fera la grace de
nous rassembler , vous me trouuerez tout
autre que ie n'ay esté. Ie vous demande vne
seconde charité au nom de sainct François
Xauier , laquelle comme elle regarde vos interests ie veux croire que vous me l'octroie-
rez bien volontiers , qui est de prendre à tasche de considerer attentiuement chasque iour
l'espace d'vn quart d'heure ces paroles de
nostre Seigneur. Quid prodest homini si
vniuersum mundum lucretur , animæ
verò suæ detrimendum patiatur. Et d'en
demander l'intelligence à la B. Vierge N.
Dame par l'intercession du mesme Sainct , &
la grace de vous comporter conformement à
ce qu'elles requierent des personnes de vostre
sorte , & qui sont appellées à vne si haute
vocation. Le bien qui reüssira de cela ne sera
pas petit, puis qu'il aboutira à la paix & à
l'vnion , qui est ce que ie vous recommande au delà de tout ce que ie puis bonnement
vous declarer , comme vne chose qui est si
aggreable à mon Sainct , & laquelle il desire si fort en tous ceux qu'il a choisis pour
ses associez & ses compagnons. Car si nous
auons bien sceu viure quasi trois ans entiers

parmy vn nombre de personnes de conditions
& de nations si differentes, auec tant de charité toutefois & d'vnion qu'on a admiré nostre procedé; combien sommes nous plus obligez à cette heure que Dieu a trouué bon de
nous separer pour vn temps, d'empescher
que la moindre chose vienne à rompre cette
paix, & alterer cet amour pour peu que ce
soit, Sit in vobis cor vnum & anima vna.
Car tenez pour certain que tandis que vous
vous comporterez de la sorte, vous oblige-
rez le Sainct de vous secourir, & qu'estans
bien d'accord les vns auec les autres, le
culte de Dieu, & la charité du prochain, qui
proprement sont les deux Poles sur lesquels
doiuent rouler nos desirs, iront tres-bien. Si
vous viuez ainsi, vous n'aurez point besoin
de Superieur : neantmoins à cause des difficultez qui pourroient suruenir, ie nomme
auec congé de celuy qui a la charge de cette
Prouince, le Pere Baltazar Citadé comme
le plus ancien, pour tenir cette place parmy
vous; qui prendra s'il luy plaist la peine de
mettre cette lettre entre les mains du Pere
François Casola qui me l'a demandée fort in-
stamment. Cependant soyez asseurez que ce
qui est dit, est dit; & que ce qui a esté pro-

mis sera tenu inuiolablement, *Sapienti pauca, Valete millies dilectissimi socij.* Souuenez vous de ce pauure pecheur qui a esté banny de la Compagnie de vos reuerences pour ses fautes & pour ses meschancetez. Ie me recommande de toute l'estenduë de mon cœur à vos saincts sacrifices, & ie prie mon Sainct qu'il vous donne sa benediction. De Cauite haure de Manile le 23. Octobre 1636.

I'adiousteray ce mot, pour vous prier en general, & le P. Citadela en particulier, d'embrasser de ma part le Pere Recteur du College de Macao, & tous les Peres & Freres de cette Maison, sans oublier les chers Compagnons de nostre voyage, *quos omnes amplector in visceribus Iesu Christi*, les suppliant de se souuenir de moy auprés de Dieu, & de nostre glorieux Sainct, comme ie fais d'eux tous les iours, ainsi que ie m'y sens obligé. Ie finis en disant, qu'il ne me semble pas necessaire de vous recommander le zele & la prudence : pour ne point manquer toute-fois à mon deuoir, ie vous coniure de ne pas perdre ce que vos peines vous ont merité ; & que vous vous remettiez en memoire nostre dessein, qui n'a pas esté de *venir aux Indes pour changer d'air, ny pour amasser des richesses; mais pour mourir dans les souffrances, & imiter nostre glorieux P. Sainct François Xauier, qui doit estre tout nostre amour & tout nostre bien. Vostre Seruiteur & cordial amy en nostre Seigneur,    Marcel François Mastrilli.*

Peu de temps aprés que la Galiote eut fait voile, elle fut accueillie d'vn Houragan, qui la chassa en coste à quelques lieuës de Manile, mais si furieux, que plusieurs y perirent, & que tous en general y furent en extreme danger. Ceux qui eurent la vie sauue, confesserent hautement qu'ils ne la tenoient que du glorieux Sainct, & n'ayans point d'autre remede dans le besoin, que leur faisoit à leurs despens, le deuot Pere Marcel, ils eschoüerent, auec perte de si grand nombre de personnes, qu'à peine les Religieux se peurent sauuer.

Si tost que les Peres se virent en lieu de seureté, ils donnerent aduis de leur desastre, au Recteur de Manile, qui leur enuoya vn vaisseau dans lequel ils retournerent à la ville, où ils trouuerent le P. Marcel, comme il l'auoit predit, à qui

Dieu auoit desia reuelé le tout , & fait
connoistre par le menu, les peines qu'ils
auoient souffertes , le danger qu'ils
auoient couru , & le nombre de ceux
qu'ils auoient perdus, pour l'ame desquels il auoit fait tout plein de prieres,
& offert plusieurs Oraisons à nostre Seigneur. De fait, quand la nouuelle en fut
portée à Manile, il dit au Frere Gregoire Bruno, qu'il auoit fait memoire d'eux
à la Messe depuis quelques iours.

A peu de temps de là , ils se remirent
sur mer , & poursuiuirent leur chemin
auec plus de bon-heur qu'ils n'auoient
fait la premiere fois : mais auant leur
depart , le Seruiteur de Dieu se ietta à
leurs pieds , & les leur baisa les vns
aprés les autres , sans qu'il y eut iamais
moyen de l'en destourner; car comme
il s'abbaissoit deuant toutes sortes de
personnes indifferemment , il le faisoit
encore beaucoup plus volontiers deuãt
ceux qu'il sçauoit estre grands Seruiteurs de nostre Seigneur. Il escriuit la
cause de son retardement , au Superieur
du Iapon; comme le fit aussi le Gouuerneur de Manile , luy donnant parole

qu'il employeroit tout son pouuoir
pour y faire passer, non seulement le Pere Marcel, mais tous ceux qui estans
venus auec luy, s'en alloient toute fois
pour de iustes raisons à Macao, d'où il
falloit qu'il les luy renuoyast dans quelque temps estant tout à fait impossible
qu'ils y peussent aller par autre voye.

---

*Ce que le Pere Marcel fit à la prise de*
*Mindanao.*

## CHAPITRE XVIII.

LES Peres ayans pris le chemin de
Macao, Dom Sebastien de Corcuera suiuit son entreprise vers
Mindanao, où il mena le Pere Marcel,
dans la creance, comme i'ay dit cy-des-
sus, qu'il emporteroit la victoire, estant
accompagné d'vn si grand Seruiteur de
nostre Seigneur. La chose arriua comme il l'esperoit, car il se rendit Maistre
de l'Isle, qui est bien si considerable,
parmy prés d'onze mille qui font l'Ar-
chipelague des philippines, qu'elle entre
en concurrence auec Manile, capitale

de toutes, & dont le tour est de quatre
cens lieuës ou enuiron.

Dom Sebastien n'eut pas plustost
mis ses gens à terre, que le Pere s'estant
enfoncé dans le bois pour y prendre la
discipline, comme il auoit coustume
chaque iour, il entendit les Diables qui
iettoient des cris effroyables, luy disans:
*Pourquoy viens-tu icy? Que nous veux tu?*
*Qui t'ameine, maudit? Tu y perdras la vie,*
*& puis c'est tout.* La mesme chose luy
arriua encore le iour que la bataille fut
donnée; car se sentant poussé durant le
combat d'vn zele tout à fait extraordinaire, il donna l'enseigne qu'il portoit à
vn Soldat, & s'estant despoüillé iusques à la ceinture, il prit vne si rude
discipline, que le sang russeloit de tous
costez, implorant cependant l'assistance
du Ciel, & disant hautement, que Dieu
chastioit ceux de son party pour ses pechez, promettant au surplus d'en faire
penitence à l'aduenir, pour appaiser son
iuste courroux, & s'obligeant à cent disciplines par an, outre les ordinaires, qui
deuoient à ce compte, monter le plus
souuent à deux ou trois chaque iour.

Tout cela fit que le Demon forma des plaintes comme auparauant, donnant sensiblement à entendre, le déplaisir qu'il auoit de l'arriuée d'vn si Sainct homme, dans vne Isle, où il s'estoit rendu si absolu: aussi voyoit-il à mesure que le sang innocent se respandoit, que ses affaires se décousoient, & que celles des Chrestiens, au contraire s'auançoient à vn point, que dés le lendemain ils emporterent la victoire, & triompherent pleinement des Mahometans. Cette grace fut suiuie d'vne autre, car Dieu luy fit voir en disant la Messe, que la bale qui s'arresta dans l'estendart de sainct François Xauier, estoit vne operation de Satan, pour mettre le Gouuerneur à mort qui estoit derriere; & qui sans doute eut effectué ce qu'il pretendoit, si ce glorieux Sainct, Patron & Protecteur de l'entreprise, n'eut paré le coup.

Le Seruiteur de Dieu ne se contenta pas de mal-traiter ainsi son corps pour appaiser Dieu; mais il trauailla encore tout de bon à faire que son nom fust glorifié. Ce fut luy qui mit le feu aux flesches superstitieuses que les habitans de l'Isle tiroiēt dans vne pointe de rocher, pour auoir bonne issuë de leurs entreprises. Ce fut luy qui brusla les trophées qu'ils y éleuoient en l'honneur du Démon, & de leur faux Prophete Mahomet. Ce fut luy qui y planta la Croix en leur place, & qui consacra cette terre à Iesvs-Christ. Il s'employoit à donner consolation à tout le monde : il alloit le premier aux dangers : il cherchoit le dernier le repos : il animoit les Soldats au combat : il leur donnoit les ordres ; & il estoit plus Capitaine que les Capitaines mesmes.

On peut dire de luy, qu'assisté de la faueur de sainct Xauier, il rendit miraculeusement la santé à tous les blessez par ses prieres, quoy qu'il fit son possible pour couurir vne grace si signalée, de la dexterité & de l'addresse du Chirurgien, qui rapporta qu'auparauant d'appliquer aucun appareil, luy ayant pris les mains, & fait dessus vn signe de croix, il alla tout d'vn temps vers les malades, & leur porta parole, que s'ils souffroient qu'on les pensast, pas vn ne

mourroit, & de fait, ils reschaperent
tous, excepté deux ou trois, qui ne voulurent pas suiure son conseil. Il en guerit aussi quelques-vns, par l'imposition
de ses propres mains ; & d'autres, en
leur faisant aualler dans de l'eau des Reliques puluerisées de son Sainct.

Ce n'est pas tout, le zele qu'il auoit
du salut des ames, luy fit introduire si
accortement, & si suauement, la deuotion dans l'armée, qu'elle y fut embras-
sée quasi d'vn chacun indifferemment.
Il auoit fait la mesme chose dans son
vaisseau durāt le chemin, lequel il sceut
si bien ranger à la vertu, qu'on l'eut pris
pour vn Nouiciat de Religieux.

*Les Vertus du Pere Marcel.*

# CHAP. XIX.

L'Opinion qu'on auoit dans les
Isles Philippines de la saincteté du Pere Marcel, qui pour parler auec sainct Ignace martyr, estoit le
froment de IESVS tout meur & prest
à couper, augmenta de beaucoup tant

par les choses miraculeuses qu'il fit au
voyage de Mindanao, que par les rares
vertus qu'il y pratiqua. On ne parloit
que de luy dans les compagnies sur le
rapport qu'en auoient fait ceux qui
auoient esté les tesmoins oculaires de
ses merueilles, & qui auoient eu le bon-
heur de le conuerser; & on le regardoit
comme vn Sainct qui touchoit desia du
bout du doit au martyre, & qui n'auoit
plus de chemin à faire qu'autant qu'il en
restoit iusques aux prisons & iusques
aux échafaus du Iapon.

Il aymoit la pauureté en toutes choses, comme tres-propre de ceux qui font
estat de prescher l'Euangile aux Idola-
tres & aux infideles. Il cherchoit toû-
jours le pire, en son manger, en son ve-
stir & en son coucher. Iamais il ne porta de soustane neufue; & il entreprit
le voyage de Mindanao auec vne qui
estoit rapiecée de tous costez, & auec
des souliers tous rompus: aussi les por-
toit-il les trois & les quatre ans entiers
sans en changer, tant que les ayans bien
refaits luy mesme, il n'y eût plus moyen
de marcher auec; desait ceux qu'il auoit
quand

quand il partit de Naples pour le Iapon
luy feruirent durant tout le voyage ; &
n'eût tout ce temps-là qu'vn vieux chapeau fans coëfe & fans cordon.  Il fit
vne gracieufe refponfe à ceux de Manile qui luy enuoyerent offrir vne robe
neufue tandis qu'il eftoit encore à fainct
Michel. *Quand i'auray befoin d'vn habit,*
leur refcriuit-il , *le mien parlera; tout tel*
*qu'il eft, ie ne le vaux pas.*  Il eft certain
toutefois qu'il parloit defia , & qu'il ouurit autant de bouches qu'il auoit de
trous.  Allant à Samboagan on le força
de prendre quelques eftoffes blanches
qu'on croyoit qu'il emporteroit auec
foy , mais on trouua qu'il les auoit laif-
fées dans fa chambre, auec mille petites
commoditez que des perfonnes deuotes
luy auoient enuoyées de tous coftez. Il
couchoit fur vne natte fans couuerture,
n'ayant pour tout cheuet que fon Bre-
uiere dans fon chapeau : & il auoit fi
peur d'interefer la pauureté , qu'au
voyage qu'il fit auec Dom Sebaftien
de Hurtado, il ne voulut pas mefme fe
garnir de cette forte de lit, craignant
de faire tort à vne vertu dont S. Fran-

I

çois Xauier, duquel il se rendoit imitateur, auoit esté durant sa vie si amoureux.

Tout son contentement estoit d'estre
employé aux offices de cuisinier, &
d'infirmier, comme ceux qu'il croyoit
les plus vils & les plus abiets de la maison. Trois ans apres sa guerison miraculeuse le propre iour que sainct Xauier
auoit operé cette prodigieuse merueille
en sa personne, il dit publiquement ses
fautes durant vne demy heure, comme
nous auons veu qu'il auoit fait à Naples auant d'en partir, & s'accusa auec
tant d'exaggeration de son ingratitude
enuers Dieu, qu'il n'y auoit personne
qui osast seulement leuer les yeux pour
le regarder, ny qui peut retenir ses larmes, tant estoit grande la confusion &
la tendresse que causoit dans l'esprit
d'vn chacun vne humilité si exemplaire.
La response qu'il fit à vne lettre d'vn
Pere de ses amis rend vn bon tesmoignage de l'estime qu'il faisoit de cette
vertu. *Excusez*, luy dit-il, *si ie vous dis*
*que vous auez tort de me parler de pardon,*
*puis que c'est moy qui le vous dois deman-*

der pour les occafions que ie vous ay don-
nées mille fois le iour de vous mefcontenter
de mes actions : auſſi eſt-ce ce que ie fais à
cette heure la larme à l'œil. Pardonnez-
moy donc touts ces defauts, mon tres-cher
Pere, & en particulier le peu de foin que
i'ay eu d'imiter les vertus de mon glorieux
Sainct. Oubliez tout le paſſé & ne vous
fouuenez de moy, que pour m'offrir à Dieu
duquel i'ay receu tant & tant de graces,
affin que le bien qu'il luy a pleu de me faire, non fit mihi in iudicium & condemna-
tionem, qui eſt la feule choſe que ie crains.
Iufques icy ce font fes paroles. On ne
l'ouyt iamais rien dire à fon auantage; &
que s'il s'apperceuoit d'auoir entamé
par mefgarde quelque difcours qui
tournaft à fa loüange, il brifoit-là fans
paffer plus outre, aymant mieux eſtre
pris pour vne bufe & pour vn lourdaut
en demeurant court, que de contribuer
du fien à fe bien mettre dans l'opinion
des hommes. Il affectoit toufiours le
dernier lieu dans les affemblées, n'é-
toit qu'il fût forcé quelques-fois de
prendre le deffus fans pouuoir s'en de-
dire honneſtement, encore s'apperce-

uoit-on que la rougeur luy en montoit aussi-tost au visage, qui tesmoignoit assez le bas sentiment qu'il auoit de soy, & combien il estoit ennemy de ces deferences. C'estoit le mettre à la gesne que le loüer, aussi asseuroit-il que la plus mauuaise iournée qu'il eut iamais, & en laquelle il receut plus de mortification, fut quand disant la Messe à Madrid, le Pere Augustin à Castro Predicateur du Roy, se mit à le Paranympher en plein Sermon.

Il se rendit si charitable enuers les Peres qui passoient auec luy, qu'il les soulageoit en tous leurs besoins, & pouruoyoit à leurs necessitez si dextrement & si à propos, que quoy qu'il prist toute la charge & tout le fardeau sur ses espaules, on eût dit toutefois ou qu'il ne faisoit rien, ou du moins qu'il ne peinoit point en le faisant. Le cheual de l'vn d'entr'-eux venant à luy manquer par les chemins, il le fit monter sur le sien sans autre ceremonie, & marcha tant à pied qu'il en deuint malade à bon escient. Il se faisoit le valet d'eux tous, iusques à se contenter de

leurs reſtes; & il prenoit vn ſi grand plaiſir dans ces actions d'humilité, que craignant qu'ils n'y miſſent empeſchement,
il les remercioit comme d'vne faueur
tres-particuliere. Il conſoloit continuellement les malades, & ſembloit
qu'il fût attaché à leur cheuet : Il les
ſeruoit dans les offices les plus abiets,
tenant ſi peu de conte de ſa perſonne,
qu'on eſtoit contraint aſſez ſouuent de
le forcer de ſe repoſer. Ce fut dãs l'Hoſ-
pital de Malaca où principalement il ſe
rendit fort remarquable en la pratique
d'vne ſi excellente charité. Là il appreſtoit à manger aux pauures, il le leur portoit, & ſi quelqu'vn eſtoit en danger de
mort, il ſe priuoit de ſon repas & de ſon
repos ſans l'abandonner : que ſi on le
prioit de ceder cette place à vn autre, il
repartoit en ſe ſouſriant : *N'ayez point de*
*crainte, ie n'en mourray pas; ſi ie ne mange*
*ny ne dors à cette heure, Dieu me gardera.*
Ces grands actes gagnoient tellement
le cœur de ces miſerables, que quand
ils l'enuiſageoient ils penſoient voir vn
Ange du Ciel; auſſi ne les quittoit-il
pas que pour mandier de part & d'au-

I iij

tre les rafraischemens qu'il leur falloit:
& il sembloit se trouuer si bien dans les
Hospitaux, que quand il y estoit vne
fois entré, on auoit peine de l'en tirer:
tesmoin celuy de Mindanao, où il fut
quinze iours sans mettre le pied dehors,
que pour la queste de quelques volailles
dont les blessez auoient necessité.

Il ieusnoit ordinairement au pain & à
l'eau, se seruant de certains pretextes
pour couurir la rigueur de sa penitence,
& pour faire qu'on attribuast plustost
son abstinence à vn regime de vie pour
sa santé, qu'à l'amour qu'il auoit pour
la vertu. Il ne mangeoit presque rien les
veilles de nostre Dame. Il se disciplinoit
si rudement, & si longuement, que ses
Superieurs estoient contraints de mode-
rer ce chastiment, pour espargner le
sang qu'il respandoit. Quelqu'vn luy
dit vn iour, que s'il n'auoit point pitié
de soy, il eut au moins compassion des
Peres du College qu'il resueilloit ; mais
cette charitable remonstrance ne seruit
qu'à luy dóner vne nouuelle peine, d'autant qu'il fut forcé d'aller toutes les
nuicts en vn lieu esloigné, où se discipli-

nant en liberté, sans crainte d'incom-
moder personne, il apprenoit à ne point
espargner son sang pour la foy & pour
la gloire de nostre Seigneur : ce que Satan ne pouuant supporter auec patience, il luy fermoit quelque-fois la porte
pour l'empescher ; quelques-fois il tas-
choit de l'espouuenter par des bruits effroyables, & par d'autres prestiges comme il auoit fait autre-fois, quand s'efforçant de l'inquieter, il se promenoit
dans sa chambre auec insolence ; quand
il rioit esperduëment en vne gallerie
voisine ; quand il le mal-traitoit dans le
nauire ; enfin quand il luy reprochoit
de ne s'estre pas retiré vn des trois
iours ordonnez pour la renouation des
vœux. Les cilices de fer, les rosettes aiguës de mesme estoffe, dont il vsoit pour
matter sa chair, satisfaisoient en quelque façon à la faim qu'il auoit quasi in-
satiable de se mortifier. S'embarquant
pour aller au Iapon, il fit prouision de
disciplines ; car ses voyages ne luy faisoient rien relascher de ses penitences,
comme nous auons veu, lors qu'il entra
dans l'Isle de Mindanao, ce qu'il a tous-

I iiij

jours fait, quand le temps & l'opportu-
nité luy ont permis.

La modestie qui reluisoit sur son visage, auoit ie ne sçay quoy de surnaturel & plus qu'humain; de sorte que vous
l'eussiez remarqué entre plusieurs sans
l'auoir iamais veu. Il estoit merueilleusement circonspect en la compagnie des
femmes, lesquelles, combien qu'il ne
fût point scrupuleux, il n'alloit iamais
voir si la necessité ou la gloire de Dieu
ne l'y appelloient, mais au contraire il
fuyoit leur entreueuë autant qu'il pouuoit : que si allant assister vn malade il
s'en trouuoit quelqu'vne qui l'abordast
pour luy parler de choses spirituelles, &
pour receuoir la consolation qu'elle desiroit, il se mettoit aussi-tost à faire ou
oraison ou autre chose pour luy donner
suiet de se retirer. Quand il fut à Manile les Dames du lieu eurent enuie de le
voir ; mais il s'en degagea autant ciuilement que le merite des personnes de
cette consideration le permettoit : il fit
le mesme enuers plusieurs autres de mê-
me qualité qui auoient le mesme desir
de luy parler : Comme il estoit encore

en Europe, il arriua qu'vne femme de
condition luy tint des difcours vn peu
trop libres & moins honneftes qu'elle
ne deuoit, à laquelle il ne fit autre refponfe finon de luy tourner auffi-toft le
dos, & de luy laiffer, non fon manteau
comme fit Iofeph, mais la parole en
bouche, s'eftant pluftoft retiré d'elle
qu'elle n'eût acheué le propos qu'elle
auoit entamé. Ces foigneufes precau-
tions luy feruirent beaucoup pour fe
maintenir dans la poffeffion d'vne vir-
ginité fi Angelique qu'il ne fentit iamais aucun mouuement fenfuel. C'eft
ce que rapporta le Pere qui receut la
confeffion generale, qu'il fit auant de fe
mettre en mer, auffi exacte & auffi pre-
parée que le deuoit eftre celle qu'il difoit luy mefme par vn preffentiment de
l'auenir deuoir eftre la derniere de fa
vie : il affeura de plus que voyant la pu-
reté de fa confcience, fes droictes intentions, & la perfection auec laquelle
il agiffoit en toutes chofes il en fut extrémement edifié ; mais que d'autre part
il en receut de la confufion fuffifam-
ment pour le refte de fes iours.

I v

Il passoit plusieurs heures du iour &
de la nuict en oraison ; il visitoit souuent
le sainct Sacrement, il disoit la Messe
auec tant de ferueur & de larmes, qu'il
enflammoit les cœurs de ceux qui y as-
sistoient, & versoit tant de deuotion
dans les ames, que plusieurs iettoient
expressément les yeux sur luy, sçachant
par leur propre experience combien
grand estoit le profit spirituel qu'ils en
receuoient. Quand il alloit par les ruës
la modestie qui paroissoit sur sa face, &
le recueillement de ses sens donnoient
assez à connoistre qu'il conuersoit interieurement auec Dieu. On l'a veu quelques fois prier auec tant d'affection,
que sa face sembloit estre toute en feu.
Ces discours ne respiroient que pieté &
deuotion ; & c'estoit vn plaisir de l'entendre parler des Eglises qu'il auoit vi-
sitées par les chemins, des Images miraculeuses qu'il auoit veuës ; des corps
Saincts encore tous entiers, de leur sang
conserué dans des phioles, & choses
semblables, dont il rapportoit si pon-
ctuellement les circonstances iusques
aux moindres particularitez, que son

discours faisoit bien voir que ce n'estoit
point par vaine curiosité, mais par vn
pur amour de Dieu & de ses saincts,
qu'il auoit eu enuie de les adorer. L'affection qu'il portoit à nostre Dame étoit
si grande, que comme i'ay desia dit cy-
dessus, il ieusnoit toutes les veilles de
ses festes au pain & à l'eau ; mais auec
vne si discrete & si religieuse dissimula-
tion, que ceux qui se trouuoient auprés
de luy à table pour soigneux qu'ils fussent de prendre garde charitablement
s'il ne luy manquoit rien, ne s'en pouuoient apperceuoir ; de sorte qu'il satis-
faisoit à sa deuotion, & éuitoit le danger de la vanité. Il disoit tous les iours
le chapelet en son honneur, qu'il ter-
minoit par vn *Credo* auec desir de mourir pour les veritez qu'il contenoit ; il y
ioignoit la couronne de la tres-saincte
Trinité, le rosaire des playes de nostre
Seigneur, l'Office des morts pour le
soulagement des ames de Purgatoire,
pour lesquelles il offroit toutes les Messes qu'il auoit libres, toute la satisfa-
ction que pouuoient meriter les bonnes
œuures, & tous les suffrages qui se de-

I vj

uoient faire pour luy apres ſa mort. Il
recitoit encore les Litanies compoſées
des eloges que les ſainĉts Peres attri-
buent à l'Apoſtre ſainĉt Paul, leſquel-
les, ainſi que i'ay rapporté, il adaptoit à
celuy des Indes; & auant de ſe coucher,
il pratiquoit ce dont il eſt fait mention
dans le Pré Spirituel, pour n'eſtre ſurpris de mort ſubite, ſçauoir, de former
ſur ſon front auec les doigts, *Ieſus Naza-*
*renus*, à quoy il adiouſtoit, Rex Iudæo-
rum, miſerere mei, & aſſeuroit que s'il
s'en oublioit, il ne luy eſtoit pas poſſible
de dormir, iuſques à ce que s'en eſtant
apperceu, il eut ſatisfait à ce deuoir,
aprés quoy il auoit liberté de repoſer.
Tout le temps qu'il pouuoit gagner ſur
iour, il l'employoit en de doux & amoureux Colloques, qu'il faiſoit à ſon Sainĉt
deuant ſon Image. Pour ſon office, il
en diſoit ce qu'il pouuoit à genoux, auprés du ſainĉt Sacremét. Il s'appliquoit
ſur tout au ſalut du prochain, taſchant
de faire que les hommes ſeruiſſent Dieu
dans vne grande perfeĉtion; & ſes paroles eſtoient ſi feruentes, qu'il allu-
moit le ſainĉt feu de la charité dans les

cœurs des assistans, & les encourageoit à
pratiquer les actes des plus grādes vertus; se seruant pour cela de diuerses deuotions, de sainctes industries, & de
pieuses inuentions selon que son zele
les luy suggeroit. Auant qu'il partit d'I-
talie pour les Indes, il persuada à plusieurs d'entrer en Religion; il institua
bon nombre de Congregations; &
estant à Genes, il parla auec tant d'efficace & d'energie, que tous ceux qui
l'entendirent prirent sur l'heure vne
tres-rude discipline. Enfin il estoit arriué à vn si haut point de perfection,
qu'on peut dire en vn mot, qu'il estoit
consommé dans la vertu, & qu'il auoit
les qualitez d'vn homme vrayement
Apostolique, d'vn Ministre de IESVS-
CHRIST, & d'vn digne sujet de la couronne qui luy estoit promise.

*Le Pere Marcel a le don de Prophetie, &
des miracles; & comme on croit probablement, celuy des langues.*

## CHAPITRE XX.

LEs grandes & heroïques vertus
que nous auons deduites, merite-
terent au Pere Marcel beaucoup d'autres faueurs de noftre Seigneur, entre autres le don de Prophetie; d'autant qu'eftant à Manile il fceut
& dit beaucoup de chofes pour l'aduenir, particulierement touchant fon
Martyre.

Il declara qu'il ne prefcheroit point
au Iapon par fes paroles, mais par l'ef-
panchement de fon fang; & connut qu'il
eftoit fi prés d'en venir là, qu'il fit entendre au P. Rodriguez Deza de noftre
Compagnie, par vne lettre qu'il efcriuit des Philippines, & laquelle i'ay
veuë moy-mefme, qu'auant qu'elle
tombaft entre fes mains, il auroit le bon-
heur d'eftre Martyr. Et dans vne autre
qu'il enuoya au Gouuerneur des Ifles

qui estoit absent de Manile lors qu'il
partit, il y couche ces mots, *Vous n'aurez
pas receu la presente que ie seray desia dans
la gloire.* Tout cela s'accomplit de point
en point, car l'vn & l'autre ne receurent leurs lettres qu'aprés sa glorieuse
mort pour IESVS-CHRIST. Dans vne
troisiesme qu'il fit tenir d'vn Havre du
Iapon à l'Amiral Dom François Esque-
ra, il mande qu'il se separe de luy pour
le Paradis. Quant à celle du Comte
Duc, où il le prie estant encore aux Philippines, de fauoriser le Capitaine Iean
Lopez de Andora, il parle ainsi. *C'est la
derniere chose que i'ay à demander à vostre
Excellence durant ma vie : quand ie seray
au Ciel ie prieray Dieu pour sa santé, &
pour le parfait accomplissement de ses bons
desirs.*

Le iour qu'il partit du Bourg de S.
Michel, faisant vne confession generalle, il asseura que ce seroit la derniere
qu'il feroit iamais : aussi n'en pût-il faire d'autre que celle de la foy qu'il pro-
fessa publiquement en presence des Tonos, qui prononcerent sentence de
mort contre luy.

Vn certain perſonnage luy teſmoigna à Mindanao qu'il eût bien deſiré qu'il veſcut encore longues années pour la conſolation de ceux qui luy eſtoient affectionnez : mais il luy repartit en ſe ſouriant, & ſe frapant la gorge deux ou trois fois, *Non Seigneur il n'en ſera pas ainſi ; vn Cimeterre m'attend au Iapon,* ce qui arriua peu de mois aprés, lors qu'il perdit la teſte en ce Royaume, pour y eſtre paſſé auec deſſein d'y preſcher l'Euangile, & d'y planter le Chriſtianiſme.

Comme vn chacun eſtoit dans l'attente de ce qui ſe feroit touchant le voyage de Mindanao, il aſſeura qu'on l'entreprêdroit; & dit au gouuerneur qui luy en propoſoit les difficultez, & qui luy demandoit quelle ſeroit l'iſſuë de l'entrepriſe, *Voſtre Seigneurie ira à Mindanao, & aprés auoir beaucoup enduré, elle en reuiendra victorieuſe.* Chacun ſçait que cela arriua preciſément comme il l'auoit dit.

Dom Iean François Hurtado eſtant atteint d'vne maladie dans les Philippines d'ont on deſeſperoit, pria le Pere

Marcel de faire vne neufvaine à sainct François Xauier : il la fit & l'asseura tousiours qu'il n'en mourroit pas. Cependant plus le Pere disoit de Messes plus le mal empiroit ; il persistoit pourtant dans son sentiment, & tenoit bon dans la parole qu'il auoit donnée de sa guerison, disant que le glorieux Sainct traictoit parfois ainsi les malades affin que l'extremité où il les reduisoit leur ouurist les yeux, & les forçast de reconnoistre la grace qu'il leur faisoit. Il apportoit plusieurs miracles de la sorte, sur ce suiet. Au fort de la maladie, le Gouuerneur ayant prié le Pere de s'addresser derechef à Dieu, il luy fit cette responce, *Ne vous alarmez point, Dieu rendra la santé à vostre neveu ; mais il en rauira vn autre dont la perte vous sera beaucoup plus sensible, & bien plus difficille à supporter.* La chose se trouua veritable; car Dom Iean François guerit aussitost, & Dieu enleua peu de temps aprés Dom Pierre son aisné, le seruiteur de Dieu estant desia mort ; auquel ce bon Seigneur parloit durant sa maladie ne plus ne moins que s'il l'eut veu de ses

propres yeux ; luy difant par forme d'in-
terrogation, *Pere Marcel fuis ie bien pre-*
*paré pour l'autre vie ? fuis ie en eftat d'al-*
*ler rendre conte à noftre Seigneur ?* Il l'e-
ftoit, car le fainct perfonnage l'y auoit
difpofé par fes bons difcours & par fes
fainctes exhortations auant fon defpart.

Il partit de Madrid auec vn Pere de
la Compagnie qui paffoit aux Philippines, & luy à Goa ; & l'affeura nonob-
ftant toutes les apparences du contraire, qu'ils fe reuerroient à Manile, comme de fait ils s'y entretirent durant le
temps que nous auons dit qu'il y fe-
iourna.

Le don de guerifon & d'autres miracles, ne luy manqua pas non plus que
celuy de Prophetie : ce qui a efté dit
cy-deffus, & ce qui refte à dire dans la
fuitte de l'hiftoire en rendent vn tefmoi-
gnage affez authentique : car outre que
fa vie n'a efté qu'vn continuel miracle
& vn tiffu de prodiges, Dieu en a fait
plufieurs par fon entremife. Ie me con-
tenteray de dire qu'il a rendu miraculeufement la fanté à certaines perfonnes, par le feul attouchement de fes

mains, me reſeruant de rapporter les autres merueilles en vn autre lieu.

En mettant la main ſur la gorge d'vn certain Capitaine, duquel on n'auoit pû connoiſtre le mal, il en fit ſortir deux pointes en forme, d'eſpines, & le guerit tres-parfaitement.

N'eſt-ce pas vne choſe prodigieuſe, que touchant les mains du Chirurgien à la priſe de Mindanao & les beniſſant, il fit que pas vn ne mourut de ceux qu'il traita ; non pas meſme vn pauure miſerable qui auoit la teſte percée de temple en temple ?

Il en guerit auſſi pluſieurs par l'interceſſion de ſainct François Xauier, auquel il auoit tant de confiance, qu'il s'aſſeuroit de la ſanté de l'Empereur du Iapon, s'il vouloit aualler quelques-vnes de ſes Reliques ; d'autant qu'il eſtoit impoſſible, ce diſoit-il, qu'eſtant vne fois incorporées dans ſes entrailles, elles n'y operaſſent quelque choſe de ſurnaturel, & qu'elles n'y produiſiſſent vn effet entierement miraculeux.

L'aſſemblage de tant de vertus & de prodiges fit que Manile eut vne ſi hau-

te opinion de la Sainᶜteté du Pere Marcel , que quelques-vns ſe proſternoient
à genoux en ſa preſence, & que d'autres
baiſoient la terre ſur laquelle il auoit
mis les pieds ; & la choſe alla bien ſi
auant, que tout ce qui venoit de luy iuſques aux poils de ſa barbe, à ſes cheueux, & au ſang meſme qu'on luy tiroit
en ſes maladies, dans lequel on trem-
poit des linges pour eſtre conſeruez ho-
neſtement , eſtoit tenu generallement
d'vn chacun pour autant de Reliques;
voire vn de ceux qui commandoit au
Bourg de ſainᵈᵗ Michel ne pût ſouffrir
qu'vne ſeule goute de ce Sang innocent
ſe perdiſt ſans eſtre recueillie tres-ſoi-
gneuſement.

Le meſme honneur luy fut rendu par
tout où il paſſa, ſur la croyance qu'on
auoit que Dieu l'auoit choiſi pour le
martyre. On garde encore auiourd'huy
à Madrid le chapeau qui luy fut oſté ſur
cette commune croyance, auec beaucoup d'autres petites hardes dont les
vns & les autres ſe ſaiſirent : & le College de cette capitale de Caſtille ſe tient
bien honoré d'en eſtre entré en poſſeſ-

sion. La seruiette dont il se seruit dans
vne maison estrangere, fut aussi-tost tenuë pour vne Relique, & y est maintenant conseruée comme vne chose Saincte, passée d'vn bas vsage à vn plus
haut, & d'vn ordre profane à vn sacré
& Superieur. Pour moy i'ay tousiours
eu en pareille veneration la Croix de S.
Toribe dont il luy pleut me gratifier, &
l'ay gardée en cette consideration, comme vne chose digne de beaucoup de
respect & de reuerence.

Le Roy allant vn iour au Conuent
des Deschaussées de cette ville, dit à ces
bonnes Religieuses, parlant du Pere
qui l'accompagnoit, qu'il leur amenoit
auec soy vn martyr. Cette parole luy
couta le Cordon de son Chapeau; car
quelque diligence qu'il fit pour le trouuer, si ne pût-il iamais en venir à bout;
d'autant que la Religieuse qui mit la
main dessus, le detourna subtilement
auec dessein de le garder. Il arriua pourtant que quoy qu'elle eût employé tous
ses soins pour le conseruer, elle le trouua à redire sans sçauoir comment: d'où
vint que quelques-vnes de ses sœurs

creurent que le Demon l'auoit enleué.
Cette perte ne luy fut pas si peu sensible
qu'elle ne cherchast de tous les costez,
& qu'elle ne fist vne enqueste tres-exa-
cte pour le recouurer ; mais ces peines
furent inutiles, iusques à ce qu'elle eût
eu nouuelle du glorieux martyre du Pere ; car pour lors le Iardinier du Monastere vint demander si on ne sçauoit
point à qui estoient certaines nipes qu'il
auoit trouuées dans du fumier, parmy
lesquelles le Cordon s'estant rencontré,
la Religieuse le receut auec vne double ioye, l'vne d'auoir recouuré sa Relique, & l'autre que c'estoit en vn temps
qu'on ne pouuoit plus douter de sa Saincteté. Cela fut cause que l'Abbesse en
fit plusieurs morceaux qu'elle distribua
à chacune des Religieuses, & qu'elle en-
chassa le reste dans vn Reliquaire pour
estre conserué dans la maison. Voila
l'estime que l'on faisoit de la personne
du Pere Marcel, qui à grand' peine seroit
croyable, si nous n'en estions les tesmoins oculaires, & que nous n'eussions
eu le bon-heur d'y auoir part.

On peut encore adiouster à tout cela

le don des langues ; car comme quelques-vns ont dit auec beaucoup de fon-
dement, par quel moyen eût-il appris
en si peu de temps la langue du Iapon
pour la pouuoir parler si facilement ?
les Iaponois mesmes qui passerent auec
luy des Philippines s'en estonnoient.

*Le Pere Marcel passe au Iapon.*

## CHAP. XXI.

CEs honneurs, ces deferences,
ces respects, cette haute opinion des hommes ne remplis-
soient point le cœur du Pere Marcel,
le Iapon seul occupoit la meilleure partie de son ame, comme le lieu où il esperoit obtenir la Coutonne du Martyre,
& delà se faire passage à la gloire eternelle des bien-heureux. Il n'eut rien tant
à cœur depuis la prise de Mindanao, que
de gaigner à Dieu ce grand Royaume,
& d'y donner son sang & sa vie pour la
querelle de nostre Seigneur.

Poussé donc de ces boüillans desirs,
il supplia le Gouuerneur de Manile d'y

tenir la main, & de fauoriſer ſes intentions ; mais luy tout au contraire, iugeant par les auantages qu'il auoit re-
ceus tout fraiſchement de luy en ſa premiere conqueſte, quels ſeroient ceux
qu'il en receuroit à la deſcente qu'il pretendoit faire en l'Iſle d'Iole, le pria inſtamment de l'accompagner, & de luy
rendre les meſmes aſſiſtances qu'il luy
auoit renduës à Mindanao. Cette prié-
re n'eut aucun effet ; car le Pere voulant abſolument s'acquitter de ſon vœu
tint ferme dans ſa reſolution, ſans qu'il
y eut moyen de l'arreſter : il accoiſa
pourtant l'eſprit du Gouuerneur par
l'aſſeurance qu'il luy donna d'vne pareille victoire, quoy qu'il là deût ache-
ter bien cher : ce qui arriua comme il
l'auoit dit ; car il defit ſes ennemis à pla-
te couture, & ſe rendit maiſtre abſolu de
l'Iſle ; mais ce fut auec perte de quantité de ſes gens, & de la plus grand part
de ſon infanterie : de ſorte qu'il eſt à
croire que les prieres du Pere Marcel
ne furent pas moins efficaces eſtant
abſent pour attirer le ſecours du Ciel
qu'elles l'auoient eſté eſtant preſent.

Auec

commença deſlors à triompher d'vn vice qui eſtoit naturel à ces Barbares, &
eux à faire plus de cas de la vertu que de
leur profit.

Pour venir mieux à bout de cette entrepriſe on le logea couuertement chez
l'Amiral Dom François Eſquerra, où
eſtant ſeparé de la compagnie des hommes, il eut plus de loiſir de conuerſer
auec Dieu, ſouſpirant continuellement
apres l'accompliſſement de ſes ſainⅽts
deſirs, & ne ſouhaittant autre choſe que
d'eſtre mis en pieces pour IESVS-
CHRIST. L'Amiral voulant tenir la
choſe plus ſecrette fit faire vne *bione* à la
feneſtre, qui ſont certains chaſſis du
Pays dont on ſe ſert pour empeſcher
que ceux qui ſont à l'oppoſite ne puiſ-
ſent rien deſcouurir dans le logis : mais
il arriua qu'ayant eſté miſe fortuitement
ſans deſſus deſſous, les perſonnages
d'vne hiſtoire Iaponoiſe qui y eſtoit
depeinte, parurent à la renuerſe la teſte
en bas & les pieds en haut ; d'où le Pere
fit auſſi-toſt vn Pronoſtique que ſon
martyre s'accompliroit en cette façon;
& prit deſlors le nom de François de la

Croix tant fut grand le defir qu'il conceut par ce rencontre de porter la Croix
& de mourir glorieufement dans le Iapon.     Tandis qu'il demeura caché de
la forte, le Gouuerneur ne fe pût tenir
de le vifiter de nuit ; & preuoyant que
fes larmes luy ofteroient la liberté de
l'entretenir, il luy mit par efcrit ce qu'il
auoit enuie de luy dire ; entre autres
chofes que fi noftre Seigneur luy faifoit
la grace, comme il eftoit croyable, d'e-
ftre martyr, il donnaft charge à quelque Chreftien affidé de luy garder fon
corps, auquel il promettoit cent efcus,
& plus encore, au cas qu'il tefmoignaft
ne s'en pas contenter, ou n'eftre pas fuf-
fifamment recompenfé : que fon deffein
eftoit d'en faire quatre parts, l'vne defquelles il enuoyeroit à Rome, l'autre à
Madrid pour eftre prefentée à fa Maje-
fté Catholique, la troifiefme à Naples,
& la quatriefme chez foy, defirant honorer par ce moyen le lieu de fa naiffan-
ce & la Sepulture de fes anceftres, où
il auoit enuie de fonder vn college de la
Compagnie.

Cependant on changea d'auis, & on
K ij

iugea à propos que rompant le traicté
qui auoit esté fait, on luy fist équiper vn
petit vaisseau à la Iaponoise appellé
parmy eux *Funea*, lequel il porteroit auec
foy tout demonté dans vn *Champan*, qui
est vne autre forte de bastiment dont on
se sert dans les Philippines, iusques à ce
qu'estant arriué à la premiere terre du
Iapon, il le fist monter pour s'y embarquer, & passer en cet equipage dans le
Royaume auec quelques naturels du
Pays qui le voulurent accompagner.
L'affaire estant ainsi resoluë le Gouuerneur promit la vie à vn matelot qui
auoit porté des Peres de sainct Dominique, dans le Pays l'année preceden-
te sans son congé, auec asseurance en
outre de le faire premier Pilote pour le
voyage de Merico, s'il y passoit le Pere
& l'y faisoit prendre terre secretement.
Il accepta la condition, & parce qu'il
n'y auoit personne qui pût monter le
Funea, que le seul Iaponois qui l'auoit
basti nommé Iean Sogbrie, Dieu voulut qu'il se laissa persuader de s'embarquer auec les autres sans sçauoir pourquoy. Cela fait ils se mettent fur mer;

mais le miserable Sogbrie venant à
euenter leur dessein, piqué au vif de se
voir engagé dans le danger, dit tout en
cholere qu'ils s'en repentiroient, & qu'il
couteroit cher au Pere de l'auoir trompé ; au reste qu'il le découuriroit estant
arriué. Cette saillie d'esprit fut suiuie
d'vn soudain chastiment , car il n'eut
pas plustost lasché la parole que sa bouche deuint si extraordinairement de trauers qu'elle passa iusques sous l'oreille,
dequoy il demeura si honteux que n'o-
sant se montrer deuant le monde , il se
tenoit caché derriere le grand mas du
Champan, la teste tousiours enfoncée
dans son manteau, iusques à ce qu'enfin rentrant à quelques iours de là en
soy mesme, & commençant à regarder
le Pere Marcel tout d'vn autre œil, il
l'enuoya prier de luy pardonner. Le Seruiteur de Dieu bien consolé de ce changement l'alla trouuer, luy disant auec sa
debonnaireté ordinaire , que son mal
n'estoit qu'vne legere fluxion que le
froid & le vent auoient causé, & luy mettant la main sur la teste, sa bouche retourna aussi-tost en sa place, aussi peu

contrefaicte qu'auparauant.

Les rudes & fascheuses secousses que
le Demon donna au Pere Marcel, ne
furent pas toutes reduites à celle-là ; car
il ne cessa de le persecuter durant tout
le voyage, mettant tantost empeschement à sa nauigation ; tantost y appor-
tant de tres-grandes difficultez ; vne
autrefois faisant souleuer les flots de la
mer ; puis excitant les vens & les ora-
ges ; enfin il luy liura tant de batailles,
qu'il dit luy mesme escriuant au Pere
François de Roa, que pour long-temps
qu'il eût vogué sur la mer, il n'auoit iamais souffert tant de peines, ny couru, ce
luy sembloit, tant de hazards, *Mon voyage*, luy mande-il, *a esté entretissu d'vne si
grande varieté, de si fascheux rencontres,
que ie suis toussiours demeuré inter metum &
spem ; craignant que mes pechez n'y appor-
tassent empeschement ; & à l'heure que i'é-
cris à Vostre Reuerence, le vent a rompu vn
de nos Cables, & nous a reduits à faire
continuellement des bordées iusques à ce qu'on
ait acheué de monter le Funca. Ie vous puis
asseurer que de tous les voyages que i'ay fais
sur l'Ocean, celui-cy a esté le plus incom-*

mode & le plus dangereux. O l'excellent Nouitiat pour le Iapon ! Et dans vne autre escrite de Ioanoxe l'vne des sept Isles de Sa-
xume, en date du cinquiesme d'Aoust,
le lendemain de son arriuée au Iapon.
Il parle ainsi, *Breuiter dico, que comme les
operations du Diable ont paru euidemment,
qu'aussi la protection du Ciel a esté, euidentis-
simâ luce clarior, par les prieres de Vostre Reuerence, desquelles ie me souuenois auec beaucoup de larmes & de sentiment, quand ie
me trouuois accablé de peines, & enuironné
de dangers, qui à vray dire ont esté les
plus grands que ie sçache iamais auoir esui-
tez; ie dis Physicè & Moraliter: & combien
que le pesant fardeau de mes offenses m'em-
barrasse plus que iamais; toutefois la conti-
nuation des faueurs de Dieu me donne de la
consolation : car ce me seroit vne honte re-
prochable de m'abandonner à des soucis im-
moderez, auec de si puissantes aydes de sa
part.* Iusques icy sont les paroles du Pere Marcel, qui font bien voir combien
grandes estoient les peines qu'il endura.

Comme ils rangeoient la terre le
long de Belle-isle à vingt-trois degrez
d'esleuation, ils furent accueillis d'vn

ſi grand vent que quelques-vns d'entr'eux qui auoient eſté toute leur vie ſur
cette mer, diſoient n'en auoir iamais
veu ny de plus rude, ny qui les mena-
çaſt d'vn ſi prochain naufrage que celuy-là : car la mer eſtoit ſi haute & bat-
toit le Champan auec tant de furie, qu'il
eſtoit à chaque moment ſur le point d'e-
ſtre enſeuely au milieu des eaux. Le Pere les voyant dans ces affres, & les
oyant crier miſericorde, les aſſeura qu'il
n'y auoit rien à craindre ; & pour leur
leuer toute apprehenſion, tira vne Relique de ſon ſein, auec laquelle ayant
fait vn ſigne de Croix ſur la mer, il l'appaiſa ſi ſoudain que toute cette grande
violence venant à ceſſer, l'Ocean parut
auſſi-toſt vny comme vne glace, & auec
auſſi peu d'agitation qu'vn doux & aggreable fleuue qui coule preſque inſen-
ſiblement : mais ce qui eſt de plus conſiderable, c'eſt que le vent qui cauſoit
la tourmente & qui prenoit le vaiſſeau
par le deuant, ſe tourna tout d'vn coup
ſur l'arriere, & le chaſſa le reſte du iour
fort fauorablement, laiſſant ces pauures gens non moins ſurpris d'vn chan-

gement si subtil & si inesperé, que re-
connoissans de la grace que Dieu leur
auoit faite par les merites du Pere, de
les auoir deliurez d'vne mort qu'ils
croyoient ineuitable, & qu'ils auoient
continuellement deuant les yeux. Et ce
fut pour lors que le Seruiteur de Dieu
prenant la parole leur dit derechef qu'ils
missent bas toute crainte, qu'il estoit
le Ionas, pour qui cette tempeste s'e-
stoit esleuée, & que ce n'estoit pas la
derniere qu'ils esprouueroient; mais
qu'ils s'en feroient quittes lors que
l'ayant deschargé à terre, ils auroient
pris la route de Manile pour s'en retourner. Ce fut encore vne particuliere faueur de Dieu, pour tenir le voyage
secret, de ce que le Pilote voulant contre le gré du Pere Marcel, donner iusques au fort que les Espagnols ont à
Belle-isle, ne pût l'abborder, mais ils furent bien estonnez quand faisans chemin, ils s'apperceurent que l'eau & le
bois leur alloient manquer.

Ce defaut de deux choses absolu-
ment necessaires, les fit resoudre de
prendre terre à la premiere Isle qu'ils

defcouriroient ; ce qu'ils euffent fait fi
Satan ne fût point venu à lés trauerfer ;
car comme ils eftoient tout preft de ietter l'Anchre, il fit leuer vn vent qui les
reiettant bien loing vers la mer, les obligea de tourner vers Iama, où la mefme
chofe leur eftant arriuée pour la feconde fois, & fe voyans defia comme reduits à l'extremité, ils firent leur poffible de toucher au moins à Lequios, qui
eft dans vne terre Limitrophe du Iapon,
d'où fe fentans encore repouffez par vn
mefme vent, la defolation & l'efpou-
uante pafferent fi auant parmy eux,
qu'ils penfoient eftre perdus fans ref-
fource. Ce fut au Pere d'addoucir & de
foulager cette commune affliction qui
les portoit prefque au defefpoir. Il le fit
par ces feules paroles. *Ne vous mettés point
en peine, mes enfans ; pourfuiuons feulement
voftre chemin ; car il plaira à Dieu, que
ny l'eau ny le bois ne nous manquera.* Et de
fait Dieu leur enuoya vne fi grande
pluye dés le mefme iour, qu'ils eurent
dequoy eftancher leur foif à fouhait,
& faire bonne prouifion d'eau pour l'a-
uenir.    Cette merueille parut encore

plus euidemment pour ce qui est du
bois ; car on ne sçait bonnement comme il se peut faire qu'il ne manqua pas ;
si ce n'est, comme il est croyable, que
Dieu le multipliast par vn secret miracle du Pere Marcel. Il faut encore adiouster qu'il n'eurent pas plutost moüillé au Iapon, que ceux des terres voisi-
nes, sans auoir eu connoissance de la
necessité où ils estoient, apporterent à
leur bord, du bois, de la volaille, & autres choses semblables, dont ils furent
merueilleusement estonnez, veu la rigueur de laquelle ceux du Pays vsent
pour l'ordinaire enuers les Chrestiens.

Le Diable auoit ioüé de son reste en
ce voyage, parce qu'il sçauoit bien que
le Seruiteur de Dieu luy alloit faire vne
rude guerre, & que son dessein estoit de
disposer les ames de ces pauures Idola-
stres, enseuelis pour lors dans vn aueu-
glement espouuantable, à receuoir par
le moyen de sa mort, la vie de la grace,
nostre Seigneur ne l'y faisant passer que
pour cela. Aussi vne certaine personne
recommandant son voyage à Dieu, entendit vne voix qui partant d'vn Cruci-

K vj

fix luy difoit, *l'enuoye la lumiere du fainct Efprit*, & vit fortir des rayons tres-refplendiffans de l'image qui difparut en mefme temps: Dieu voulant donner à entendre qu'il ne l'enuoyoit au Iapon que pour y paroiftre comme vn efclair, mais que fa mort fi precipitée feroit toutefois baftante d'y mettre l'Euangile en fon plus beau iour, & de luy donner de l'efclat plus qu'auparauant.

---

### *Le Pere Marcel entre au Iapon.*

## CHAP. XXII.

LA defcouuerte que le Pere Marcel fit du Iapon ne fut pas fans quelque forte de merueille; car le Pilote & tout le refte de l'equipage ayans efté foigneux l'aprés-difnée de regarder vers l'Orifon, pour voir fi quelque terre ne paroiftroit point, n'apperceurent rien; luy neantmoins, le Nauire n'ayant prefque point auancé du depuis à caufe du calme, & rien n'eftant vifible pour l'obfcurité de la nuict, venant à ietter les yeux de ce cofté-là,

enuiron à l'entrée du second quart, re-
coinnut celle de Lequios aussi distinctement qu'en plein midy, & si proche à
son auis, que nonobstant son esloigne-
ment il luy sembloit estre desia dessus.
Le Capitaine Villafranca protesta l'a-
uoir apperceuë plus prés qu'à la portée
du mousquet; en suitte de quoy ils en
virent tous deux quantité d'autres :
d'où vient qu'il est à croire que nostre
Seigneur voulant regaler en quelque
façon son Seruiteur, luy fit montre de
sa terre promise, & luy donna des yeux
de Linx, pour penetrer de la veuë iusques où il estoit arriué depuis si long-
tēps par ses saincts desirs. Ils chasserent
cependant toute la nuict sur cette terre,
mais elle estoit encore si éloignée qu'ils
n'y peurent toucher que sur les dix heures du matin, & encore furent ils contraints de prendre vne autre route, &
d'aller aborder en vn autre endroit, qui
fut vne prouidence de Dieu bien particuliere; d'autant que le lieu où ils vouloient descendre estoit du ressort d'vn
Tono si contraire & si rigoureux aux
Chrestiens, qu'il auoit desia pris deux

Peres de sainct Dominique, & qui euſt
retenu tous ſes gens priſonniers s'ils
fuſſent tombez entre ſes mains : où au
contraire prenant à l'autre bord, ils
eurent la commodité de diſpoſer les
choſes comme ils deſiroient, & de re-
paſſer librement à Manile ſans auoir
cauſé vn ſi grand deſplaiſir au Pere
Marcel.

Ils mirent pied à terre au Iapon le
quatrieſme d'Aouſt de l'année 1637.
auec la ſatisfaction & le contentement
qu'on peut s'imaginer qu'en eut le Seruiteur de Dieu : où quand ils furent en-
trés dans le Port, ils acheterent vn vaiſſeau Iaponois qui ſe rencontra par occaſion, iugeans qu'ils auroient pluſtoſt
fait & auec moins d'embarras de prendre celuy-là tout equipé, que de monter
le Funea qu'ils auoient apporté auec
eux. Le Pere s'y embarqua le iour ſui-
uant, & ceux qui l'auoient conduit re-
monterent dans le Champan, pour porter des nouuelles de leur commiſſion
aux Philippines ; mais auant qu'ils ſe
ſeparaſſent de luy il leur fit vn diſcours
ſi pathetique & ſi remply de l'Eſprit de

Dieu, que non seulement les Chrestiens, mais les Infideles mesmes qui
estoient de la troupe pleuroient à chaudes larmes, ne plus ne moins que des
enfans qu'on arrache de force d'entre
les bras de leurs meres : aussi les auoit-
il traitez si doucement, & auec des entrailles d'vne si rauissante charité, qu'il
leur auoit gaigné à tous le cœur : ses
dernieres paroles furent celles-cy. *Allez en la garde de nostre Seigneur & priés-
le pour moy : i'espere tant de sa bonté qu'il
vous donnera vn heureux voyage.* C'estoit
iustement ce qu'il auoit prophetisé auparauant, dont l'issuë fit voir qu'il n'a-
uoit point parlé à la volée, mais inspiré
de Dieu & esclairé de ses diuines lumieres ; car nonobstant le Sud-surouëst
qui souffle d'ordinaire en cette saison
fort impetueusement sur ces mers, contraire entierement à leur route, ils ar-
riuerent à Manile auec aussi peu d'incommodité que s'ils eussent vogué au
gré du vent. De plus il auertit les Iaponois qui le vouloient suiure de prendre bien garde à ce qu'ils faisoient. *Mes
enfans,* leur dit-il, *ie vous remercie de la*

peine que vous auez prise pour moy, & de la compagnie que vous m'auez faite durant vn si long voyage ; & ainsi ie vous prie que sans passer outre vous vous en retourniez aux Philippines ; car s'il arriue que nous venions à estre descouuerts, ie suis certain que le courage vous manquera, & que vos forces ne seront pas bastantes pour supporter la rigueur des tourmens dont vsent les Iaponois à l'endroit des Chrestiens, & de ceux qui fauorisent les Prestres & les Predicateurs de l'Euangile. Il adiousta plusieurs autres raisons pour les dissuader de le suiure, sur le pressentiment qu'il auoit d'vne lascheté future qui luy deuoit couster vn iour beaucoup de larmes, quand il apprendroit qu'ils se seroient honteusement soufmis à la volonté des Gouuerneurs : mais leur opiniastrise l'emporta.

Cela fait il se mit en chemin, & arriua le dix-neufuiesme de Septembre de l'année 1637. à la coste du Royaume de Saxuma, qui fut où aborda sainct François Xauier quand il entra dans le Pays pour en chasser l'Idolatrie, & pour y porter le flambeau de la Saincte Foy:

neantmoins comme sa principale intention estoit d'aboucher l'Empereur, &
de luy enseigner les mysteres de la Religion Catholique, il passa au Royaume de Fiunga, puis à Xiquiso, où apres
auoir mis pied à terre pour y radouber
son petit vaisseau, il donna iusques au
port de Cuso. Estant arriué là il fut de-
couuert, & ne pouuant dissimuler ce
qu'il estoit, il donna de l'argent à ceux
du lieu pour ne dire mot, & pour auoir
liberté de se retirer par terre luy deuxiesme, cependant que ses compagnons
Iaponois le suiuroient par mer : mais la
chose n'ayant peu estre si secrette que
les Officiers de la Iustice n'en eussent
le vent, ils donnerent aussi-tost la chasse à ceux qui estoient dans le Funea,
desquels s'estans saisis ils leur firent les
interrogations ordinaires, & leur demanderent entre autres choses d'où ils
venoient & doù ils estoient : à quoy ils
respondirent qu'ils estoient de Saxuma,
& qu'ils en venoient tout fraischement.
Ils furent neantmoins reconnus pour
Chrestiens, d'autant qu'ils n'auoient
point de Medaille penduë au col selon

les Ordonnances de l'Empereur , qui
auoit fait commandement à vn chacun
de porter l'image de l'Idole ou du Pagode particulier qu'il adoroit , pour
donner à connoistre par cette marque
exterieure qu'elle estoit la religion qu'il
professoit.  Le Pere Marcel c'estoit re-
fugié cependant  dans les montagnes
parmy les buissons & les halliers , &
les autres estans conuaincus de n'estre
pas du Royaume de Saxuma furent me-
nez  prisonniers à  Nangazaqui , où
aprés auoir dit dans les tourmens qu'ils
estoient venus auec vn Religieux de
Sainct François, ils descouurirent enfin le Seruiteur de Dieu faisans bresche
à leur fidelité doublement , & par la verité , & par le mensonge.

En suitte de cette confession on mit
des gens en campagne pour le chercher, qui le trouuerent à la faueur de
la fumée qui sortoit du lieu où il s'estoit
retiré ; mais comme ils l'approcherent,
ils furent si surpris de le voir dans vne
profonde oraison , la face lumineuse &
toute en feu, qu'ils n'oserent luy mettre
la main sur le collet, iusques à ce que

luy mesme s'eſtant tourné vers eux leur
eut dit d'vn viſage Angelique, tenant
encore les bras modeſtement croiſez ſur
ſa poiᶜtriné, *Me voicy mes enfans prenez
moy.* Cette main leuée leur ayant eſté
donnée de ſa propre bouche, ils ſe ſaiſirent de ſa perſonne, & ſoudain la terre
trembla ſi furieuſement, que non ſeulement eux qui eſtoient & les teſmoins &
les executeurs de cette iniuſtice, mais
ceux meſmes qui n'en ſçauoient rien, &
qui ne trempoient point dans le crime,
en furent extrémement eſpouuantez.
Là deſſus on le mene à Nangazaqui les
mains liées, les fers aux pieds, & ſuiuy
de douze cens ſoldats pour le garder,
qui touchez d'vne certaine reuerence
que cauſoit dans leur ame l'eminente
vertu dont il accompagnoit ſes actions,
le traiterent tout de meſme que ceux
qui s'en eſtoient ſaiſis les premiers, c'eſt
à ſçauoir auec des reſpects & des bon-
tez du tout extraordinaires à leur humeur.

*Le Pere Marcel endure le martyre*
*à Nangazaqui.*

## CHAP. XXIII.

LE Seruiteur de Dieu arriua à
Nangazaqui le cinquiesme d'O-
ctobre de la mesme année, où
aussi-tost presenté aux Gouuerneurs,
ceux qui se trouuerēt presens apperceurent vne si grande lumiere sur la teste
qu'ils en demeurerent tous estonnez.
Les Iuges commencerent deslors à l'in-
terroger à l'ordinaire, & luy demanderent s'il venoit de Macao; en quel lieu
il pretendoit aller; pourquoy estant Religieux il estoit entré au Iapon, contre
les loix si rigoureusement portées par
les Empereurs: à quoy il respondit auec
non moins de modestie que de courage,
qu'il n'auoit iamais veu Macao; qu'il
estoit d'Europe, Italien de Nation; du
Royaume de Naples; qu'il auoit passé
de Portugal aux Indes, de Malaca aux
Philippines & de ces Isles-là au Iapon, auec dessein de parler à l'Empe-

reur, de luy rendre la santé s'il viuoit
encore, & de luy enseigner entant
qu'Ambassadeur de sainct François Xauier la Loy de IESVS-CHRIST & les
Mysteres de la saincte Foy. Ils prirent
occasion de là de s'enquerir qui estoit
ce sainct François Xauier dont il parloit. *C'est*, leur dit-il, *le premier Pere do
la Compagnie de Iesus qui entra iamais dans
le Iapon, & qui conuertit à la Foy de nostre Seigneur, François Roy de Bongo & tous
ses suiets. Si la chose est ainsi*, repartirent-ils, *il faut qu'il y ait desia longues années qu'il soit mort ; comment donc vous
a-il peu constituer son Ambassadeur ? Il l'a
pû neantmoins*, poursuiuit-il ; *car quoy qu'il
ait mis fin à la vie presente, il est toutefois viuant dans le Ciel :* & pour preuue
de cette verité il leur fit le recit de sa
guerison miraculeuse, & leur dit qu'il
en auoit la relation auec le portraict du
Sainct en la mesme façon qu'il luy apparut. Les Gouuerneurs furent si edi-
fiez de la modestie qui paroissoit en son
maintien & en ses paroles, & si satis-
faits de la merueille qu'il leur auoit ra-
contée, qu'ils dirent tous que c'estoit

vn Sainct homme, & qu'aucun des Religieux qui auoient passé par le Iapon,
n'auoit paru ny si retenu, ny si vertueux:
au reste que toute la faute deuoit estre
imputée à ses Compagnons qui l'a-
uoient deçeu. Ils ne laisserent pas toutefois quelque estime qu'ils eussent de
sa vertu & des choses miraculeuses arriuées en sa personne, pour se montrer
exacts à executer les volontez du Prince & à suiure ses ordres, de commander
qu'on luy fist endurer les tourments de
l'eau.

Les supplices dont vsent les Iaponois enuers les Chrestiens sont de plusieurs sortes, desquelles il y en a trois
entre autres qu'ils pratiquent ordinairement. La premiere est de les pendre
par les pieds la teste en bas, dans vne
cuve pleine d'eau, dans laquelle ils les
mettent iusques aux narines, & puis
ayans bien tortillé la corde où ils sont
attachez les abandonner aux tours &
aux retours qu'elle fait auec impetuosi-
té tant qu'elle soit remise en son repos.
Ce genre de tourment est tres cruel
pour plusieurs raisons, mais principa-

lement, d'autant qu'il oste la liberté de
respirer.

La seconde est de les estendre sur vne
eschelle liez & garrotez de tous costez,
excepté la main gauche qui demeure libre, pour pouuoir faire signe qu'ils ont
renié en la mettant sur leur estomach.
Le pied de l'eschelle, sur le premier
échelon de laquelle ils ont la teste ap-
puyée, est posé dans vne grande tonne,
d'où les bourreaux puisent sans cesse de
l'eau, auec des écorces de noix d'Inde
nommées Coros, qui sont les vases de
ces quartiers, laquelle ils leur font aualler par vn entonnoir en si grande quantité, qu'il est bien difficile qu'ils ne se
rompent quelque veine de l'effort qu'ils
font pour prendre leur vent, & aprés
qu'ils en ont iusques au gosier, ils leur
appliquent deux planches sur la poictrine, qu'ils chargent tellement des deux
bouts, qu'ils la leur font rendre par la
bouche & par le nez. D'autrefois ils les
ceignent d'vne large seruiette au lieu
de planches, auec laquelle les pressans
également petit à petit de toutes parts,
elle sort par tous les conduits auec

vn incroyable tourment.

La troisiefme qu'ils appellent la foffe, eft vn creux qu'ils font en terre en
forme d'vn puits, où ils iettent parfois
des immondices & des beftes venimeu-
fes, lequel ils couurent de certains aix
faits exprés, hormis vne ouuerture
qu'ils laiffent fur le milieu, par où le
Martyr pend à la renuerfe, depuis la tefte iufques à la ceinture ou vn peu plus,
& qui l'embraffe fi eftroitement qu'il
ne peut refpirer d'autre air que celuy
qui eft renfermé dans le creux, & leur
malice eft bien fi grande que ce fuppli-
ce eftant & de longue durée & violent,
fur tout par vn dégorgement de fang
qui va fe defchargeant tant fur le col,
que fur la tefte & fur le vifage, & par
vn renuerfement d'inteftins, qui fortans
de leur place & de leur fituation ordinaire, caufent d'extrémes douleurs, ils
ne luy laiffent rien de libre que les bras,
affin que fi le courage vient à luy manquer, il faffe entendre en frappant de
la main contre les aix, qu'il renonce à la
Foy & qu'il veut eftre mis en liberté,
qui eft à la verité vne grande meschan-
ceté

ceté à eux, & vne furieuse tentation à
celuy qui est dans la presse d'vn si long
martyre.

Le Pere Marcel souffrit les tourments de l'eau & de l'eschelle les deux
premiers iours ; combien que le second
les bourreaux se contenterent sans la
luy verser dans la bouche auec l'entonnoir, de luy en ietter sur la face quatre
cens Coros ou enuiron ; dont estant demeuré à demy mort, & faisant mesme
compassion à ces miserables, il leur dit
aprés auoir vn peu repris ses forces,
plus par generosité d'Esprit, que pour
donner du relasche & du soulagement
à son corps, qu'ils ne s'estonnassent pas
de le voir de la sorte, & que quoy qu'il
fust Religieux de profession, non ac-
coustumé aux delices, ny nourry dans
les delicatesses de la vie, il ne laissoit
pas toutefois estant homme comme vn
autre d'estre suiet aux foiblesses & aux
sentiments de la nature ; que l'esprit
neantmoins estoit fort pour porter ge-
nereusement tous les tourments qu'ils
voudroient exercer sur sa personne.

Delà il fut conduit à la prison, où il
L

trouua ses compagnons Iaponois , qui
espouuantez de l'horreur des tourments
auoient saigné du nez , ne s'en estant
rencontré qu'vn , nommé André Cota-
da , qui à ce qu'on dit eut assez de force
& de courage pour perdre plustost la
vie, que la Foy qu'il deuoit à IESVS-
CHRIST , & la fidelité qu'il auoit
promise à son Seruiteur. Ils luy conte-
rent leur mesauenture , & comme ils
auoient declaré aux Gouuerneurs ce
qu'ils sçauoient de luy , iusques à leur
auoir dit ce qui s'estoit passé à la iournée de Mindanao, des deux balles ar-
restées l'vne dans sa Soustane & l'autre
dans l'estendart de sainct Xauier; & de
la victoire emportée aprés en auoir eu
asseurance de la part du Sainct : ils le
prierent aussi que sa deposition fust conforme à la leur , crainte que s'ils se con-
tredisoient on ne leur fit souffrir de nouueaux tourments. Le Seruiteur de Dieu
ressentit cette cheute plus viuement
que ses propres peines , & fut tellement
touché de ce funeste accident , que luy
qui demeuroit tousiours en mesme as-
siete dans ses plus grandes douleurs, fut

l'espace d'vne heure comme interdit,
les yeux fichez en terre sans dire mot,
d'où il versoit deux ruisseaux de larmes;
aprés quoy il leur representa l'horrible
faute qu'ils auoient faite, & l'enorme
peché qu'ils auoient commis „ les ex-
hortant comme bon Pasteur de leurs
miserables ames à confesser derechef la
Foy, qu'ils auoient trahie leur en deût-
il couter des supplices & des tourments
infiniment plus grands que les premiers.

Les Iuges estoient alors fort indignez
contre le Pere, pour n'auoir pas, comme il leur sembloit, répondu conformement à leur desir : de façon qu'ils l'in-
terrogerent pour la seconde fois, & luy
demanderent s'il n'estoit pas vray qu'il
venoit de Manile, & si ce n'estoit pas
le Gouuerneur qui l'auoit enuoyé, le
menaçans en outre de luy faire endurer
de cruelles peines s'il ne confessoit la
verité, & s'il ne leur donnoit contentement, ausquels il respondit de la sorte.
*Faites moy endurer tous les supplices que
vous voulez, le Dieu que i'adore me donnera des forces pour les supporter. Quant
aux interrogations que vous me ferez, i'y*

respondray à toutes pourueu qu'elles ne soient
point preiudiciables à mes Compagnons. Et
pour satisfaire à celle qui m'a esté faire, ie
dis que ie suis party de Manile, non pas enuoyé par le Gouuerneur, mais de mon plein
gré, à dessein s'il estoit possible de conuer-
tir l'Empereur & tous les Iaponois : si ie
perds la vie en cette entreprise, puis-ie rien
desirer ou demander à Dieu de plus glorieux ? Si tu és si desireux de la mort, dit
l'vn d'eux, ie te la promets. Mais dis moy
quels sont ces remedes auec lesquels tu te fais
fort de rendre la santé à l'Empereur ? I'ay
certaines herbes, repliqua le Pere, de grande vertu, & sur tout certaines poudres par
le moyen desquelles ie suis asseuré de la luy
redonner. Ie dis plus ; car ie suis certain
que si on luy porte l'Image de mon Sainct,
ou qu'on la mette dans l'vn des Temples
de vos Pagodes, qu'elle fera des prodiges &
des merueilles. Si vous ne m'en croyés faites en l'essay, & me tenez cependant pri-
sonnier, voire deux ans & plus si vous voulez, & ie m'offre à tous les supplices pos-
sibles, si ce que ie vous dis ne se trouue
vray. Laissez ces chimeres, repartirent
les Gouuerneurs, & songez à vous

*disposer à de nouuelles peines.*

Cela dit il fut conduit au lieu du martyre où estant despoüillé tout nud, on
luy appliqua des fers chauds aux parties
que l'honnesteté defend de nommer ; 
mais auec plus de sentiment de cette nu-
dité & indecence que du feu qu'on luy
faisoit endurer: d'où vint que s'addres-
sant à eux il leur dit auec vne modeste
seuerité. *I'ay consacré mon corps à tous
les supplices imaginables pour mon Crea-
teur, & ie ne fais refus d'aucun quel qu'il
soit; mais puis qu'il y a tant d'autres parties sur moy que vous pouuez gesner à vostre gré, pourquoy ne laissez vous ces bassesses si esloignées de l'honneur deu aux hommes, & de la bienseance dont vous deués
vser en leur endroit ; veu que les Barbares
mesmes font quelque conscience de s'en seruir enuers les bestes ?* Cette iuste plainte
fit mettre fin à ce tourment, qui fut
changé en celuy de l'eau, d'où ils furent
forcez de le tirer de peur qu'il ne mou-
rût entre leurs mains; si bien qu'ils le
reporterent à la prison plus mort que
vif, à dessein de luy donner vn peu de
temps pour reprendre haleine, & quel-
L iij

ques forces pour les noueaux tourmens qu'ils luy preparoient.

Deflors qu'ils le virent mieux, ils prononcerent l'Arreft de fa mort. Le Seruiteur de Dieu en receut la nouuelle
auec vne ioye incroyable, & accueillit
celuy qui la luy apporta comme vn Ange defcendu du Ciel, n'ayant que le feul
defplaifir dans vn contentement fi extraordinaire, de n'auoir rien à luy donner pour vn meffage fi auantageux.
Mais quand il luy euft dit que le fuppli-
ce qu'on luy preparoit, eftoit celuy de
la foffe, il prononça ces paroles de noftre Seigneur, *Spiritus quidem promptus
eft, caro autem infirma*, & declarant par
vn efprit Prophetique, qu'il y feroit
tourmenté à la verité, mais qu'il n'y fi-
niroit pas fa vie, *Ie vous dis*, adioufta-il,
*ie vais bien fatisfait à la foffe pour l'amour
de Dieu, mais ie n'y mourray pas, vn coup
d'efpée feparera ma tefte de mon corps.*
Comme il fe vit proche de fa fin tant
defirée, il fe mit en Oraifon où il paffa
la nuict, durant laquelle il entra dans
vn rauiffement qui eftonna bien-fort
les foldats, & les Gouuerneurs mefmes

qui y suruinrent ; car ils furent extrémement surpris de le voir esleué de terre
& enuironné de lumiere, chose inouyë
& non encore veuë parmy eux.  Ce ne
fut pas pourtant la seule grace que Dieu
luy fit , car outre les merueilles & les
prodiges que ses gardes n'oserent declarer crainte des Tonos , vn Portugais
digne de Foy   deposa  dans l'information de l'Ordinaire de Maeao , qu'il
auoit veu descendre sur la prison vne
grande lumiere qui s'y arresta tout autant de temps qu'il y fut detenu.

Neuf iours s'estans ainsi escoulez, ses
Iuges ayans fait nettoyer la fosse, faueur qui ne s'accorde qu'aux seules personnes dont ils honorent la vertu & la
Saincteté , vn Mercredy quatorziesme
d'Octobre de l'année 1637.  Il fut conduit sur les onze heures du matin pour
la seconde fois au lieu du supplice, pour
y rendre vn authentique tesmoignage à
la verité.  Il estoit lié sur vn cheual auec
des cordes & des chaisnes, enuironné
des Officiers de la Iustice , vn baillon
dans la bouche , armé de pointes de fer
fort aiguës pour luy oster la liberté de

L iiij

prescher la Foy, la teste rasée du costé droit, & peinte en rouge du gauche, marque de grande ignominie parmy les Iaponois, vestu d'vne Soutanne iusques aux genoüils, vn escriteau sur les espaules qui portoit la Sentence de sa mort. En voicy la teneur. *Le grand Xogun Empereur du Iapon, commande que cette iustice se fasse par ses Gouuerneurs Rida Sacagibarin, & Baba Saburosa Yemon, en la presence de ce pauure fol, pour estre venu Prescher vne Loy estrangere en ces Royaumes, contre celle de Xaca, Amida, & des autres Fotoques. Que tous y accourent, car il doit mourir pendu dans la fosse, affin que ceux qui suiuent sa doctrine se fassent sages à ses despens.* Et faut remarquer que quoy qu'il fust en ce pitoyable equipage, pas vn n'osa pourtant contre la coustume ordinaire du Pays, se gausser de luy, ny le brocarder : Aussi faisoit il ce chemin d'vn port & d'vn maintien si extraordinairement rauissant, les yeux leuez modestement au Ciel, & l'esprit entierement absorbé en Dieu, qu'il faisoit compassion à vn chacun. Comme il passoit par vne place appellée Yendo, où fe trouuerent les Portugais , qui de bonne fortune pour eux , eftoient pour lors en ce Port auec fix vaiffeaux, & qui fondoient en larmes à la veuë d'vn fpe-ctacle , que les hommes & les Anges enuifageoient bien differemment , il les falua s'enclinant par trois fois vers eux, au moins mal qu'il pût.

Quand il fut arriué à la foffe, qui eftoit à vray dire, le centre de fes defirs, & le terme de fes efperances , on le lia eftroi-tement iufques à la poictrine, pour faire qu'il duraft plus long-temps en vie dans ce tourment ; apres quoy ayant efté de-baillonné , il remercia les Gouuerneurs de la peine qu'ils auoient prife de l'ac-compagner , adioutant ces paroles qu'il prononça auec vn fentiment fort affe-ctueux. *Vous connoiftrez à cette heure, Mef-fieurs , combien eft grand le Dieu que nous adorons , & combien precieufe la vie que nous efperons* : Et pour lors les Bourreaux l'attacherét par les pieds, & le laifferent pendu dans la foffe ; depuis la tefte iuf-ques aux genoüils , dans laquelle il de-meura auffi immobile & auffi en repos que s'il euft efté infenfible aux dou-

L v

leurs, ou couché dans vn lit bien mol-
lement: cela fut cause qu'eux mesmes
s'en estonnans, allerent voir s'il estoit
bien possible qu'il fust desia mort: mais
le trouuans en vie, ils luy demanderent
s'il n'auoit besoin d'aucune chose, *D'aucune*, leur dit-il, *sinon que vous me laiß-
siez iouyr de ce Paradis*. Il eut tout plein
d'extases en ce tourment, durant lequel
les Gouuerneurs le solliciterent souuent de quitter la Foy : mais le Sainct
demeurant constant, fit tousiours paroistre, que le Soleil rebrousseroit plû-
tost chemin dans sa Carriere, que luy
dans sa genereuse resolution, & les pria
auec toute la ciuilité requise, de ne
luy plus parler de ce changement : que
si les gardes luy en touchoient parfois
quelque mot, il les arrestoit court par
vn *Acheiaque*, qui est ce qu'on diroit en
nostre langue, *Allés vous en*, & quand
les plus ciuilisez d'entr'eux luy demandoient, s'il vouloit ou de l'eau ou autre
chose, *Ie ne veux*, disoit-il, *ny eau ny
rien dont vous puißiez me gratifier, ie demande la gloire, & puis c'est tout*.

Il vescut quatre iours, auec cette quietude, fçauoir depuis les onze heures du Mercredy matin, quatorziefme du mois d'Octobre, iufques à trois heures du Samedy au foir en fuiuant, fans que le fang euft coulé en bas, chofe fi extraordinaire qu'elle fut tenuë pour vn miracle ; veu qu'il s'y defcharge ordinairement en telle abondance, que les Iaponois mefmes, crainte que ceux qu'ils font mourir de la forte ne rendent l'ame à l'inftant, ont coutume de leur faire tirer du fang de la tefte. On en donna auis aux Gouuerneurs, qui felon la Prophetie dont nous auons parlé, commanderent auffi-toft qu'on le tiraft de la foffe, & qu'on luy auallaft la tefte en mefme temps. La caufe de cette precipitation fut la fefte d'vn Pagode, qui fe deuant celebrer le lendemain, leur interdit femblables fupplices durant la folemnité ; de forte que comme l'affaire preffoit, on fe mit en deuoir d'executer au pluftoft le commandement : mais ce ne fut pas fans troubler d'abord le valeureux Martyr, qui craignant qu'on ne le voulut deliurer, demanda aux bourreaux pourquoy ils le mettoient en

liberté, lesquels luy ayans respondu,
que c'estoit pour luy trancher la teste,
*Pour cela si*, repartit-il tout gayement,
*à la bonne heure*, donnant par la à connoistre combien il mouroit volontiers,
pour la querelle de nostre Seigneur.

Ils l'enleuerent enfin de ce sepulchre
auec des douleurs inimaginables, causées par le retour des intestins, qui font
vne reuolution estrange, & comme vn
trouble general dans toutes les parties
du corps humain; mais il les supporta
auec vn si sensible contentement qu'il
parut mesme à l'exterieur: Il demanda
pardon aux soldats, de la peine qu'ils
auoient euë à le garder & à le veiller,
tout de mesme que si c'eust esté sa propre faute, & s'estant prosterné à genoux, il dit par deux fois ces paroles à
haute voix, en sorte que les Portugais
l'entendirent, *Mon Pere sainct François
Xauier, mon Pere sainct François Xauier*,
soit qu'il le fist pour donner de la consolation à son ame dans son Martyre,
par le ressouuenir de celuy qui luy estoit
si cher; soit qu'il l'appellast pour auoir
le bonheur de le voir, comme il auoit

fait tant d'autresfois. Il n'eut pas plû-
toſt acheué de prononcer ces paroles
que le Bourreau luy deſchargea vn
grand coup d'épée ſur le col, qui ne luy
fit pourtant aucun mal. Il redoubla auec
plus de furie & plus de force que la premiere fois, mais n'ayant ſeulement
qu'effleuré la peau, il en demeura ſi
eſperdu, que ſoit de ſon bon gré ou
autrement le Coutelas luy tomba des
mains ; & tous les Spectateurs furent
ſaiſis d'eſtonnement à la veuë d'vn miracle ſi prodigieux. Là deſſus le Martyr
tournant doucement la teſte, luy dit
auec vne ioye toute celeſte, *Faites ce que
vous ont commandé les Gouuerneurs* ; &
s'eſtant diſpoſé par les Saincts noms de
IESVS & de MARIE à receuoir le
troiſieſme coup, l'Executeur luy enleua
preſtement la teſte, donnant liberté à
ſon ame de s'enuoler, & d'aller receuoir le prix de ſa victoire dans l'Em-
pyrée.

Ce coup fut ſuiuy d'vn tremblement
de terre en tout le voiſinage qui dura vn
long-temps, auec eſtonnement de tout
le monde, ne s'eſtant rien veu de ſem-

blable en pas vn des Martyres prece-
dens, pour signalez qu'ils euſſent eſté;
& vn nuage horriblement eſpais & ob-
ſcur couurit le Palais des Gouuerneurs,
le temps demeurant neantmoins clair &
ſerain en tout autre lieu: mais ces cœurs
endurcis dans leurs crimes & aueuglez
de leur propre faute, non contens d'a-
uoir fait paſſer le ſainct Martyr par le
fer durant ſa vie, voulurent qu'il eſprou-
uaſt le feu & l'eau aprés ſon treſpas, iet-
tans ſon corps au milieu des flammes, &
ſes cendres en mer; & comme s'ils n'euſſent pas eſté ſuffiſamment raſſaſiés des
cruautez exercées ſur ſa perſonne, ils
s'attaquerent encore à ſes hardes, qui ne
conſiſtant qu'en des Croix, des Images
& autres choſes de pieté furent miſes
en pieces par ordonnance des Gouuerneurs, excepté le portraict & la Relique de S. Xauier, qui pour auoir, l'vn
le don de faire des prodiges, comme il
auoit dit, & l'autre de rendre la ſanté, ils
les voulurent conſeruer pour deliberer
s'ils en feroient preſent à l'Empereur.
Mais auec tout cela ſi faut-il qu'ils
auoüent, que penſans auoir fait ſentir

leur barbarie à tout ce qui le touchoit
de prés ou de loing, ils n'eurent toutefois aucun pouuoir sur la fumée qui sortoit de son corps tandis qu'il brûloit:
car au rapport d'vn Portugais qui en
fut le tesmoin oculaire, elle s'esleua
malgré eux vers le Ciel, sans que le
vent qu'il faisoit alors la pût faire aller
d'vn costé ou d'autre ; pour donner à
connoistre que Dieu vouloit vérifier en
sa personne ces paroles du Cantique,
*Quæ est ista quæ ascendit per desertum si-*
*cut virgula fumi*, & qu'il auoit aggreé
son holocauste ; car selon quelques-vns
des saincts Pères, la raison pour laquelle celuy d'Abel luy pleut, & qu'il eut
celuy de Cain à contre-cœur, ce fut
parce que la fumée de celuy-là montoit
à luy, & que celle de l'autre s'en esloi-
gnoit par vn retour & vn certain resle-
chissement vers la terre.

Si tost que cette glorieuse mort fut
publiée, elle causa d'autant plus de deuotion dans les cœurs, qu'elle auoit esté
& plus desirée de celuy qui l'auoit souf-
ferte, & plus attenduë de tout le monde. On la receut à Macao auec les Con-

certs de Mufique & le fon des cloches;
le peuple fe rendit à l'Eglife où le *Te
Deum* fut chanté folemnellement. La
mefme chofe fe pratiqua en tout plein
d'endroits auec vne deuotion extraordinaire ; mais fur tout à Lisbone où
fon intime amy Antoine Tellez de Silua, fit celebrer vne fefte fort folemnel-
le pour rendre graces à l'Apoftre des
Indes d'auoir merité à l'Eglife vn fi
grand Martyr. La Dame Cecile de Vil-
lanueua, luy fit rendre les mefmes honneurs à Madrid au Monaftere de fainct
Placide, où le Pere Maiftre Boyl Religieux de noftre-Dame de la Mercy, fit
vne tres-excellente Predication. Dés-
lors la deuotion s'accrut enuers luy, &
quelques-vns des Capitaines de marine
le firent peindre dans leurs Pauillons,
pour la feureté de leurs Nauires. Le
Roy mefme accorda le paffage de quarante Peres de la Compagnie à fes defpens, pour la conuerfion des Infideles
d'Iole, de Mindanao, & autres Ifles
des Philippines, auec deffein de les y
tenir comme en referue, & les faire paffer au Iapon quand il feroit neceffaire,

ainsi que le Seruiteur de Dieu l'auoit
desiré & predit ; sur quoy il faut remarquer, que la chose arriua du mouuement de sa Majesté & de ceux de son
Conseil, poussez de la seule deuotion
qu'ils eurent en son endroit ; & il est à
croire que Dieu leur en inspira la pensée par ses prieres : car c'estoit en vn
temps où toutes sortes de Religieux
passoient communément en ces quartiers-là, & que si peu de ceux de la Compagnie auoient ce Priuilege, qu'à peine
permettoit-on seulement à vn d'entre-
eux d'aller à Merico ou au Peru : mais
l'estime en laquelle le Roy & ces Mes-
sieurs eurent le B. Martyr applanit toutes les difficultez. Il y a dequoy esperer
que cette belle ouuerture ne sera pas
inutile, & qu'il obtiendra des faueurs
à ceux qui y passeront & qui y contri-
bueront quelque chose du leur.

*Le Pere Marcel prie pour le Iapon.*

## CHAPITRE XXIV.

DIeu a voulu pour la confirmation de la Foy, que la vie & la mort du Pere Marcel fut connuë de tout le monde par vne infinité de miracles, qui sont si euidens & si auerez, & mesme publiés en tant de Royaumes, que plusieurs m'ont dit qu'il leur feroit impossible de douter maintenant des veritez & des mysteres qu'elle nous propose ; & que tant s'en faut qu'ils en viennent-là, ils sont contraints & comme forcez par l'euidence qu'ils en ont, d'y soûmettre leur entendement & de confesser hautement qu'ils sont Chrestiens. Car qui n'admire la guerison de ce Sainct personnage, qui estant aux abois est passé en vn instant & d'vn plein saut s'il faut dire ainsi, non seulement de la mort à la vie & à vne tres-parfaite santé, mais à vne reparation si entiere de toutes les parties de son corps, qu'il ne luy soit resté ny cicatri-

ce de sa blessure, ny apparence mesme
qu'on luy eust rasé les cheueux, estans
reuenus tout au tour en vn moment à
l'esgal des autres? Qui n'est surpris d'é-
onnement, quand on vient à considerer que tout cela se fait par la descente
d'vn Sainct, venant expressément du
Ciel, luy apparoissant visiblement, luy
souriant, & s'entretenant auec luy pai-
siblement au temps que toute la maison
enuironne son lict, n'attendant plus que
l'heure qu'il rende l'ame? & que le but
de ces prodigieuses merueilles est d'en
faire vn Martyr de IESVS-CHRIST.
Qui ne s'estonne de la reuerence qu'il
imprime de soy dans les esprits, du respect qu'on luy porte, & de l'estime
qu'on a de luy, en sorte qu'on le tient
pour vn Sainct canonisé dés cette vie,
& qu'on garde comme autant de Reliques tout ce qui a seruy à ses vsages?
Qui n'est rauy du soing que Dieu a tes-
moigné auoir de sa personne, iusques à
son entrée dans le Iapon? Qui ne se pas-
me voyant que cette entrée estant iugée
presque impossible de tout le monde,
luy a esté pourtant si aisée & si fauora-

ble qu'il ait penetré bien auant dans les
terres sans difficulté ? A vray dire nous
qui sçauions ce qui s'estoit passé, qui le
connoissions, & qui estions dans l'admiration de la promesse si solemnelle &
si publique de son Martyre, nous de-
meurasmes si emerueillez quand nous
eusmes nouuelles qu'elle auoit esté accomplie en si peu de temps, qu'à peine
la pouuions nous croire pour veritable;
estant à nostre auis vne chose des plus
rares & des plus remarquables qui soit
encore arriuée en l'Eglise : & quand
bien mille ans se fussent escoulez du depuis, elle nous eust tousiours semblé
tres-admirable : en quelle consideration la deuons-nous donc auoir s'estant
faite à nos yeux, de nostre temps, &
en la personne de celuy auec qui nous
auions traicté familierement ? pour moy
ie confesse que i'en fus estonné à vn
point qui n'est pas bonnement conce-
uable ; & i'en ay connu quelques-vns
qui estans dans le mesme sentiment,
n'ont pû faire autre chose que loüer
Dieu en ses ouurages, & particulierement en la conduite de ses seruiteurs.

Ie produis pour tefmoins de cette
merueille, Naples ville la plus peuplée
d'Italie, Rome la Capitale du monde,
Madrid Cour d'vne grande Monar-
chie, Goa la premiere de l'Inde, Manile enfin, vne des plus reculées de l'V-
niuers, & comme fur le bord de cet
hemifphere. Toute l'eftenduë de la terre en peut faire foy; puis qu'il n'y a aucune partie de ce grand tout qui n'en
ait eu quelque connoiffance; l'Ocean
mefme a fouuent efprouué les miracles
de fainct Xauier à ce fuiet. Que puis-ie
dire dauantage, finon que ie mets en
auant des chofes qui ne font pas du
nombre de celles que les fiecles paffez
ont comme enfeuelies dans l'oubly, &
dont le cours du temps a de forte alteré
la verité qu'elles fe font renduës prefque incroyables. Ce ne font pas auffi
des hiftoires dont on ne peut donner de
preuue authentique, mais telles, que
nous, & ceux de qui nous les auons ap-
prifes, auons veuës de nos yeux, & dont
les fuittes nous font connuës par experience. Ie rapporte ce qui vient d'eftre
dit tout frefchement, & auec tant d'é-

eclat qu'il y en a affez pour donner de la
gloire & vn grand luftre au fiecle prefent. C'eft ce que les Religieux pu-
blient hautement dans leurs Cloiftres,
les feculiers dans les compagnies, les
nauigateurs dans leurs Nauires, les habitans des villes dans les places publi-
ques & dans leurs maifons. Ces prodiges feruent d'appuy à la Saincte Foy;
ils confirment la Prouidence diuine,
l'immortalité de l'ame, la recompenfe
de l'autre vie, la gloire des Saincts, la
force de leurs prieres, la refurrection
des corps, l'efficace de la grace, le bon-
heur du martyre, & le merite de noftre
religion. Ils font fi efclatans & fi vifi-
bles, qu'ils pafferont, Dieu aydant, iufques dans le Iapon, & il y a bien de
l'apparence qu'ils feront vn notable
changement dans tout cet eftat : car on
doit efperer que le Sainct en faueur duquel ils ont efté faits, obtiendra miferi-
corde pour cette pauure gentilité, &
qu'il fera foigneux de prefenter fes
vœux à noftre Seigneur, pour le falut
d'vn peuple qu'il a tant fouhaité & tant
recherché; Et de fait il apparut vn iour

depuis ſa mort à vne grande Seruante
de Dieu, comme elle faiſoit Oraiſon.
Elle le vid veſtu à la façon de la Compagnie à la reſerue des cheueux qu'il
portoit ras à la Iaponoiſe; elle luy vid
fleſchir les genoüils deuant le meſme
Autel où elle eſtoit ; & luy vid enfin
addreſſer ſa priere à Dieu pour la con-
uerſion de ces Infidelles, en ſuitte de
quoy il diſparut.

---

*Les merueilles que le Pere Marcel a*
*faites depuis ſa mort.*

## Chap. XV.

SI le Pere Marcel a eſté miraculeux durant ſa vie, on peut dire,
qu'il ne l'a pas moins eſté apres ſa
mort. Les exemples que ie vais rapporter en font foy.

Vne femme dans les Philippines
ayant eſté trois iours en trauail d'enfant, ſe deliura fort heureuſement ſi-
toſt que ſon mary eût appliqué ſur elle
vne image que le Sainct Martyr luy
auoit donnée.

Le Capitaine Chriſtophle Villa-franca ſe ſentant vn iour extraordinairement incommodé de certaines groſſes Loupes qu'il auoit à la teſte, eut recours au Chapeau qu'il auoit autrefois preſté au Pere, l'accompagnant au Iapon ; & ce Chapeau venant à enleuer toutes les ſurcroiſſances de chair, luy rendit tres-parfaitement la ſanté, que l'artifice des Chirurgiens, & l'argent qu'il auoit deſpenſé n'auoient pû luy donner depuis vingt-ans, qu'ils auoient commencé d'y trauailler.

Vne autrefois eſtant extrémement tourmenté d'vne deſcente, il appliqua ſur ſoy quelques Réliques du meſme Pere, & l'ayant inuoqué deuotement, & prié d'obtenir ſa gueriſon de noſtre Seigneur, la douleur s'appaiſa de telle ſorte, que s'eſtant endormy là deſſus, il ſe reueilla guery à vn point que iamais il n'a reſſenty ſon mal du depuis.

Il arriua que Dom Lorenço de Olaſſo Maiſtre de Camp, eſtant vn iour trauaillé d'vn furieux mal de teſte, s'auiſa d'y mettre vne Croix de Carauaca, que le Seruiteur de Dieu luy auoit donnée

de

de sa propre main. Il ne l'eut pas plutost appliquée que la douleur cessa tout d'vn temps. Ce miracle se fit coup sur coup par trois diuerses fois, à mesure qu'ostant la Croix le mal reuenoit, iusques à ce qu'enfin sa santé estant entierement confirmée à la troisiesme, la merueille fut & plus asseurée par cette alternatiue, & mieux reconnuë pour ce qu'elle estoit.

Il y auoit à Manile vne personne fort affectionnée au Pere Marcel, qui sans auoir apporté beaucoup de disposition, esprouua neantmoins en soy vn changement de vie si extraordinaire, & ressentit vne si particuliere consolation, auec vne telle force d'esprit, & des desirs si enflammez pour la perfection, qu'elle iugea fort bien, qu'il falloit que ce fût vn coup du Ciel : mais la nouuelle de la glorieuse mort du Pere estant arriuée, elle descouurit pleinement d'où cela venoit : car conferant vn temps auec l'autre, elle trouua que ces faueurs luy auoient esté octroyées le iour de ce bien-heureux trespas ; & reconnut par là que Dieu l'auoit voulu recompenser de la

M

sincere affection qu'elle luy auoit portée, & des peines qu'elle auoit prises
pour son voyage. Il s'en est veu d'autres
qui pour estre entrez dans sa chambre
ont fait de fortes resolutions de suiure la vertu & de se donner tout à fait à
Dieu : D'autres qui par son intercession
se sont faits quittes de leurs scrupules &
de leurs troubles : voire mesme il est arriué que tel l'enuisageant durant sa vie,
se soit senty touché si puissamment,
qu'ayant quitté le vice, & expié ses
fautes par vne Confession generalle, il
ait vescu en suitte tout autrement. C'est
la prerogatiue que Dieu a accordée à
quelques-vns de ses Seruiteurs, de faire des miracles d'vn seul regard.

Le mesme iour que le Pere mourut,
Dom Pedro de Corcuera Sergent ma-
jor de Manile, son cher & intime amy,
qui comme i'ay déja dit auoit beaucoup
contribué à son voyage par ses aumosnes, fut saisi d'vn si estrange retraicisse-
ment de bouche, qu'il estoit hors de
son pouuoir de prononcer seulement vn
mot ; on l'entendoit toutefois de temps
en temps, qu'il disoit distinctement d'v-

ne face riante, tantost *Pere Marcel ie suis
bien disposé Dieu mercy*; Puis en l'inter-
rogeant, *Pere Marcel mes pechez sont-ils
pardonnez?* vne autrefois, *Sommes-nous en
voye de salut, Pere Marcel?* & on s'apperceuoit qu'il demeuroit en suitte fort
consolé; de sorte qu'on creut raisonna-
blement qu'il l'auoit veu, & qu'il auoit
receu quelque faueur bien signalée de
sa presence; veu que ne pouuant s'e-
noncer auparauant, il pût pourtant se
Confesser sans peine generallement,
laissant en mourant des preuues mani-
festes de son salut.

I'obmets certaines choses qu'on a fait
passer en Espagne depuis sa mort pour
des grodiges & pour des miracles; d'autant que i'ay creu ne deuoir inserer icy
que ce qui est ou aueré par vn tesmoignage public, ou du moins tenu pour
vray des plus clair-voyans : neantmoins comme i'en ay trouué quelques
vnes assez remarquables, i'ay iugé qu'il
n'estoit pas tant mal à propos de les rapporter.

Quand le Pere Marcel partit de Madrid, il asseura le Comte de Pegnaflori-

da, qu'il verroit en son temps des marques du souuenir qu'il auroit de luy. Le Comte fut fort consolé de sa promesse, & tient qu'elle a esté accomplie du depuis. Il fonde sa creance sur ce que l'an 1637. le 17. d'Octobre sur les trois heures aprés midy, qui fut à point nommé le iour & l'heure que le Pere mit fin à son martyre, il guerit si parfaictement de la siévre quarte, que son accez le deuant prendre precisement au mesme temps, il n'en eut toutefois ny attaque pour lors, ny le moindre ressentiment à l'auenir.

Le Comte Charles de Schomberg Ambassadeur pour l'Empereur en cette Cour, me raconta que son fils aisné, que le Pere Marcel auoit promis d'offrir à Dieu, auec asseurance qu'il en ressentiroit les effets, estant venu à telle extremité de maladie qu'il disoit n'auoir iamais veu personne si las, ny plus méconnoissable, tant il étoit défait & abbatu, recouura sa santé en vn instant auec vn tel estonnement de ceux qui virent ce changement, qu'ils ne peurent l'attribuer qu'à vn miracle. On en ignoroit cependant la cause ; mais quand on vint à reconnoiſtre qu'il eſtoit arriué le propre iour que le Pere auoit perdu la teſte, on ne douta plus que ce ne fût l'effet de ſes promeſſes, & l'accompliſ-ſement de ce qu'il auoit dit.

La femme de Dom Franciſco Rami-rez Gouuerneur de Caceres, eſtoit de-ſeſperée des Medecins à cauſe d'vne mauuaiſe couche qui luy cauſoit vne ſi grande perte de ſang, qu'elle en eſtoit deſia aux abois. On en donna auis à ſon mary, lequel eſtant venu en diligence ne fit autre choſe que luy appliquer vn ſeing du B. Martyr, qui ayant eſtan-ché le ſang, tout ſur l'heure la laiſſa en eſtat de ſe bien porter.

Vn Pere de la Compagnie voulant ſoulager les grands maux de cœur, que ſouffroit vne Religieuſe du Monaſtere de Calatraue de cette ville atteinte d'vne fiévre pourprée ſi dangereuſe qu'elle eſtoit ſur le point de mourir, eut enuie de luy faire porter quelque reme-de ; mais s'auiſant tout à coup de ne luy enuoyer qu'vne Relique du P. Marcel, il reüſſit ſi parfaictement bien, que le

pourpre ceſſant auſſi-toſt elle receut en
meſme tēps & la Relique & la gueriſon.

On dit que Dom Nicolas Grixalua
Secretaire du Marquis de la Puebla,
gueriſſoit toutes ſortes de malades auec
vne ſignature du Pere Marcel ; mais
qu'il y en eut vn entre autres qui mourut auſſi-toſt qu'il eût formé le deſſein
de la luy appliquer ; ce que le bon Seigneur attribua à vne prouidence de
Dieu, qui ne vouloit pas qu'on la mit
ſur ceux pour qui ſon Seruiteur n'auoit
pas aggreable d'employer ny ces merites, ny ſes prieres.

Ceux qui ont eu l'experience de ſes
merueilles, les ont publiées pour autant
de miracles, eu eſgard aux circonſtances qui s'y remarquent. Pour moy qui
ne les ay ny verifiées ny connuës, que
par le rapport qui m'en a eſté fait, ie les
eſtime comme des choſes plus qu'ordinaires, & qui eſtant creuës pieuſement
donnent occaſion de loüer Dieu & de
l'admirer. Or il s'en trouue vn ſi grand
nombre de cette ſorte, qu'eſtant miſes
auec celles que i'ay deduites, elles
pourroient fournir vne ſuffiſante matie-

re d'vne iuste histoire, & digne d'vne plume plus delicate que la mienne; mais puis qu'il a plû à Dieu de se contenter du peu que i'ay fait, ie l'en remercie, & prie sainct François Xauier qu'en recompense de ce petit seruice rendu à son fidele Seruiteur, il m'obtienne vne aussi Saincte vie que celle qu'il luy a meritée, sur tout vne aussi precieuse & heureuse mort. Quoy qu'il en soit, veu que le B. Martyr m'a tellement aymé en terre, qu'il ne refusoit rien à mes demandes, i'espere qu'il me seruira d'Auocat dans le Ciel & de puissant Intercesseur pour tous mes besoins.

## FIN.

*A la plus grande gloire de Dieu &*
*de sa Saincte Mere.*

a la comtesse
menacte de
nre dame de
misericorde